UTB **3044**

Eine Arbeitsgemeinschaft der Verlage

Böhlau Verlag · Köln · Weimar · Wien
Verlag Barbara Budrich · Opladen · Farmington Hills
facultas.wuv · Wien
Wilhelm Fink · München
A. Francke Verlag · Tübingen und Basel
Haupt Verlag · Bern · Stuttgart · Wien
Julius Klinkhardt Verlagsbuchhandlung · Bad Heilbrunn
Lucius & Lucius Verlagsgesellschaft · Stuttgart
Mohr Siebeck · Tübingen
C. F. Müller Verlag · Heidelberg
Orell Füssli Verlag · Zürich
Verlag Recht und Wirtschaft · Frankfurt am Main
Ernst Reinhardt Verlag · München · Basel
Ferdinand Schöningh · Paderborn · München · Wien · Zürich
Eugen Ulmer Verlag · Stuttgart
UVK Verlagsgesellschaft · Konstanz
Vandenhoeck & Ruprecht · Göttingen
vdf Hochschulverlag AG an der ETH Zürich

Reiner Ruffing

Bruno Latour

Wilhelm Fink

Vom selben Autor: *Einführung in die Geschichte der Philosophie* (UTB 2622), *Einführung in die Philosophie der Gegenwart* (UTB 2675), *Philosophie basics* (UTB 2824), Profile: Foucault (UTB 3000).

Bibliografische Information der Deutschen Nationalbibliothek.

Die Deutsche Nationalbibliothek verzeichnet diese Publikation in der Deutschen Nationalbibliografie; detailliertere bibliografische Daten sind im Internet über http: //dnb.d-nb.de abrufbar.

© 2009 Wilhelm Fink GmbH & Co. Verlags-KG
Wilhelm Fink GmbH & Co. Verlags-KG, Jühenplatz 1–3, 33098 Paderborn
ISBN: 978-3-8252-3044-9 (UTB)
ISBN: 978-3-7705-4735-7 (Fink)

Printed in Germany
Satz: Ruhrstadt Medien, Castrop-Rauxel
Layout & Einbandgestaltung: Alexandra Brand auf Grundlage der UTB-Reihengestaltung von Atelier Reichert, Stuttgart
Herstellung: Ferdinand Schöningh GmbH, Paderborn

Inhalt

Warum Latour?

Latour im Profil

Serviceteil:

Was zählt ist die Frage, wie man neue Bühnen schafft, auf denen man unser Leben verändert.
Bruno Latour

Warum Latour?

Nicht nur Menschen, sondern auch Dinge besitzen Handlungskraft. Ozonlöcher, Mikroben, Reagenzgläser, Computer bilden mit Menschen ein großes Kollektiv. Wenn wir handeln, treten grundsätzlich andere Kräfte in Aktion. Nur in den kurzen Momenten, in denen neue Assoziationen von Dingen und Menschen entstehen, sei das Soziale erkennbar. Jeder Rundgang durch die Straßenschluchten New Yorks verdeutliche, dass wir nur kleine Teilnehmer im umfassenden Schema der Dinge sind und dennoch habe eine kleine Gruppe nur mit Teppichmessern ausgestatteter Fanatiker den traurigen Beweis erbracht, dass wir nicht nur kleine Figuren sind, sondern jede Größenordnung zerbrechlich ist. Das sind nur einige der provokanten Thesen des französischen Philosophen, Soziologen und Kulturanthropologen Bruno Latour. Was ist das für ein Denker, der als Soziologe die Kategorie des Sozialen kritisiert, der behauptet, dass wir nie modern gewesen seien, dass uns einzig die Dinge human machen könnten und der die Berufsgruppe der Techniker und Wissenschaftler in Feldstudien wie einen exotischen Stamm beschreibt? Diese Frage versucht das vorliegende UTB Profile zu beantworten.

Im Jahre 2008 erhielt der an der Pariser Elitehochschule *Science Po* lehrende Bruno Latour nach dem österreichischen Schriftsteller Peter Handke und der dänischen Dichterin Inger Christensen als dritter Preisträger den Frankfurter Siegfried-Unseld-Preis. In der Begründung der Jury hieß es, Latour sei *einer der großen Erneuerer der Sozialwissenschaften. Als Grenzgänger zwischen Natur- und Geisteswissenschaften, Theorie und Empirie, Moral und Politik untersucht er die Mechanismen der modernen Wahrheitsproduktion und ihre Folgen.* Weiter erklärte sie, dass Latour als »post-kantischer Aufklärer« *auch ein soziologischer Humorist (sei), der, bei aller ironischer Distanz, sein Erstaunen über die Welt nicht verbirgt.* Die Laudatio hielt Peter Sloterdijk: Latour habe die *Philosophie auf die Spitze des Gegenwärtigen gehoben.* Zu seinem großen Verdienst gehöre es, *die Grenzen zwischen Wissenschaft und Natur durch Assoziationsketten niederzureißen.* In der Dankesrede mit dem Titel *Coming out als Philosoph* erklärte Latour, dass er sich als ein die Arbeitsweisen von Wissenschaft und Technik untersuchender empirischer Philosoph verstehe und zukünftig sein Forschungsinteresse auf die Fragen der Globalisierung ausweiten werde. Bis zu dieser Anerkennung sah sich Latour allerdings einem Trommelfeuer der Kritik ausgesetzt. Die Hauptvorwürfe lauteten: fehlende Wissenschaftlichkeit, Scharlatanerie und Eitelkeit. Von dem belgischen Physiker und Wissenschaftsjournalisten

Alan Sokal wurde ihm in der Science-Wars-Debatte der 90er Jahre unterstellt, *eleganten Unsinn* von sich zu geben, weil angeblich Latour die Naturwissenschaften als bloße soziale Konstruktion relativieren und ihren objektiven Wahrheitsanspruch leugnen wolle.

Bekannt wurde Bruno Latour als einer der wichtigsten Vertreter der Akteur-Netzwerk-Theorie (ANT), in der das traditionelle Konzept des Sozialen als soziale Bindung unter Menschen durch die Vorstellung von Verbindungen menschlicher und nicht-menschlicher Wesen ersetzt wird. Aus Sicht der ANT ist es sinnvoll, die Frage des sozialen Zusammenhalts nicht allein auf das Bewusstsein zurückzuführen, sondern die entscheidende Rolle der Dingwelt mit zu berücksichtigen. Ohne die Mitwirkung der Dinge an der Entstehung und Aufrechterhaltung der gesellschaftlichen Zusammenhänge würden wir (ähnlich wie Paviane) unser Gruppenverhalten jederzeit neu »aushandeln« müssen. Natur und Kultur, Technik und Soziales, Natur und Soziales, das sind für Latour keine unüberbrückbaren Gegensätze mehr. Latours Beitrag zur Erneuerung der Sozialtheorie hebt die Bedeutung der Dinge für die Gestaltung des sozialen Lebens hervor. In seiner Wissenschaftssoziologie widerspricht er einer weit verbreiteten Annahme, wonach Wissenschaftler den von ihnen erforschten Objekten neutral gegenüberstünden. Vielmehr seien sie im Wissenschaftsalltag der Labors mit ihren Gegenständen eng verbunden. Immer geht es Latour um die Frage, wie Wahrheiten und Gewissheiten entstehen.

Latour hat seinen philosophischen und soziologischen Neuansatz in einer mittlerweile kaum zu überschauenden Anzahl von Aufsätzen und einem guten Dutzend wichtiger Werke wie *Wir sind nie modern gewesen*, *Das Parlament der Dinge*, *Eine neue Soziologie für eine neue Gesellschaft* und der Essaysammlung *Die Hoffnung der Pandora*, um nur einige zu nennen, ausgearbeitet. Nach einem allgemeinen Überblick über seinen Werdegang und die ANT gliedert sich der Aufbau des Bandes an diesen Hauptwerken. Vergleiche mit anderen Autoren, knappe Zusammenfassungen, Merksätze sollen helfen, sich in sein mittlerweile weit verzweigtes Oeuvre problemlos einarbeiten zu können. Die abschließende Zitatensammlung kann in ihrer Zusammenstellung und Reihenfolge wie eine eigene kurze Einleitung in Latours Werk gelesen werden.

Latour im Profil

*Kein Forscher sollte die Aufgabe erniedrigend finden,
beim Beschreiben zu bleiben. Sie ist, im Gegenteil,
die höchste und seltenste Leistung. (SG:237)*

Der Name Bruno Latour steht dafür, einen dritten Weg zwischen Moderne und Postmoderne gefunden zu haben. Latour ist weder für noch gegen die Moderne, er will sie auch nicht überwinden und schon gar nicht hinter sich lassen. Vielmehr behauptet er, dass die Selbstinterpretation der Moderne in wesentlichen Punkten nie gestimmt hat. *Wir sind nie modern gewesen*, wie sein wohl bekanntestes Werk heißt. Vertreter der Moderne von Kant bis Habermas sind der Auffassung, man könne scharf zwischen Subjekt und Objekt, Natur und Gesellschaft, Fakten und Werten, Demokratie und Wissenschaft unterscheiden. Im Gegensatz dazu betont Latour, dass es diese Trennungen in Wirklichkeit nicht gibt, sondern Natur, Dinge und Menschen in vielerlei Beziehungen netzwerkartig immer schon miteinander verbunden waren und weiterhin sind. Zwischen Natur, Dingwelt und Gesellschaft bestünden hybride Netzwerke, in denen zahlreiche Akteure – seien sie menschlich, tierisch, pflanzlich oder dinglich – stets neue Verbindungen eingehen und dafür sorgten, dass das gesellschaftliche Band bestehen bleibt bzw. in die Brüche geht.

Latour behauptet darüber hinaus, dass es die Dinge sind, die Menschen erst zu Menschen werden lassen (vgl. PD:326,Anm.20). Dabei geht er vom erweiterten Dingbegriff aus, wie er im berühmten Wörterbuch der Gebrüder Grimm zu finden ist. Dort heißt es zum Wort *Ding: in der weitesten, unbegrenzten Bedeutung begreift es ebenso das sinnlich Bemerkbare, als das Übersinnliche, das Gedachte.* Im Unterschied zum Begriff Objekt verweise das Wort *Ding – franz. chose* immer auf einen Konfliktstoff; ein *Ding* fordere geradezu eine Stellungnahme heraus. Heute – so Latour – werden ständig Gegenstände produziert, die nicht mehr nur als willenlose Objekte einzuordnen sind, sondern ihr Eigenleben entfalten: Atomkraftwerke, Computer, im Labor isolierte Bakterien, das Ozonloch; das alles seien Mischwesen bzw. Zwischenwesen – er nennt sie Hybride oder Quasi-Objekte – die nicht mehr der Natur oder der Gesellschaft zugeordnet werden können. Erst einmal entstanden, beeinflussten sie ihre gesamte Umgebung und breiteten sich netzwerkartig aus.

Dabei geht es Latour keineswegs um eine globale Technikkritik im Sinne Martin Heideggers oder der Kritischen Theorie. Als Vertreter einer neuen Generation verkörpert er ein unbefangeneres Verhältnis zur Technik. Latour ist nach dem Krieg geboren, hat im Wesentlichen Frieden und Wohlstand erlebt. Wenn er die Technik und die Wissenschaften untersucht, dann schwingt er nicht gleich die Moralkeule oder bemüht Grosskategorien wie die Zwangsläufigkeit des Kapitalismus (Marx), die Geschichte des Seins (Heidegger) oder die Herrschaft einer *instrumentellen Vernunft* (Adorno). Für Heidegger zum Beispiel war die Technik kein neutrales Werkzeug. Im Gegenteil! Durch ihre schleichend zunehmende Herrschaft werde der Mensch selbst zu einem Instrument bzw. einer bloßen Funktion. Während für Heidegger der moderne Mensch sein Geschick schon längst in die Hände der Technik bzw. des Gestells überantwortet habe, ist es für Latour nicht möglich in unserer Beziehung zur Technik und darüber hinaus zu nicht-menschlichen Wesen von Herrschern bzw. Beherrschten zu sprechen. (vgl. HP:214)

Dass uns die Technik nicht *beherrscht*, bedeutet natürlich nicht, dass sie für uns keine größere Bedeutung hätte. Wie der französische Philosoph Michel Serres hebt Latour die Wichtigkeit der Dinge für den menschlichen Umgang hervor. Seine Position erinnert an das das bekannte Diktum von Marshall McLuhan, wonach das Medium die Botschaft ist: *The medium is the message!*[1] Medien und Dinge sind keine neutralen Vermittler von auch ohne sie vorhandenen Botschaften oder sozialen Beziehungen, sondern sie helfen entscheidend mit, diese erst zu konstituieren. In *Wir sind nie modern gewesen* erläutert Latour: *Das Menschliche lässt sich ja nicht erfassen und retten, wenn man ihm nicht jene andere Hälfte seiner selbst zurückgibt: den Anteil der Dinge.* (M:Umschlagstext) Festzustellen und zu kritisieren sei heutzutage nicht die Technik an sich, sondern die rücksichtslose, unkontrollierte Expansion von Dingen und wissenschaftlich-technischen Netzwerken. Wie erwähnt, geht es Latour nicht um eine pauschale Technikkritik, sondern darum, dass die Ausbreitung der genannten Netzwerke demokratisiert d.h. kontrolliert erfolgen sollte. Es sei heute weit interessanter, die Genese der Hybriden und die Ausbreitung ihrer Verknüpfungen zu analysieren, als ständig neue Lobgesänge oder ironische Betrachtungen (Postmoderne) über die Folgen der Modernisierung anzustellen.

Hybriden, das sind Latour zufolge Mischwesen aus Natur und Gesellschaft, aus Sprachlichem und Realem; zum Beispiel Mikroben, Elektrizität, Atome, Sterne, Gleichungen zweiten Grades, Automaten und Roboter, Windmühlen und Pumpenkolben ... Wenn er hervorhebt, dass durch die Hybriden das soziale Band erst geknüpft und stabilisiert wird, gelingt es Latour den Bogen zu traditionellen oder früheren Kulturen zu schlagen. Hybriden dienten der sozialen Integration nicht anders als sakrale Gegenstände wie Monstranzen oder Totems in vormodernen Gesellschaften. Seine soziologischen Überlegungen laufen darauf hinaus, die Welt als »Kollektiv« zu begreifen, d. h. als ein Netzwerk *menschlicher und nichtmenschlicher Wesen,* die miteinander auf allen Ebenen in Verbindung treten und sich gegenseitig beeinflussen. Eine solche vernetzte Weltsicht umfasse auch alle Wesen wie Hefen, Laborgefäße, Bäume, Steine usf.

Durch die technische Entwicklung sieht es Latour heute als überholt an, strikt zwischen Subjekt und Objekt trennen zu wollen. Die Unterscheidung zwischen einem von der Natur isolierten Geist und den kalten, toten Dingen da draußen sei eine Differenzierung, die sich zwar der neuzeitlichen Erkenntnistheorie eines Descartes´, Lockes, Kants und der modernen Wissenschaft verdanke, die aber deswegen noch lange nicht richtig sei. Mittlerweile seien die Dinge zu Mischwesen, also Quasi-Objekten bzw. Hybriden geworden, insofern das Menschliche und das Nicht-Menschliche durch die Technik immer stärker ineinander verschränkt werde und sich gemeinsame, sich wechselseitig bedingende Kollektive gebildet hätten. Gerade weil die »Reinigungsarbeit« der Modernen die Hybriden als solche nicht zu erkennen vermöge, könnten sie sich ungestört ausbreiten. Latour geht folglich von einer realen Fabrizierungs- und Vermischungsdynamik der modernen Gesellschaft aus, in der Elemente zu einem sozialen Gewebe verknüpft, übersetzt, ausgetauscht werden. Zur heutigen Welt gehöre vieles: Technik, Dinge, Werkzeuge, Symbole, Riten, Vergesellschaftungsformen etc.

Im Gegensatz zu dieser konkreten Praxis der Vermischung von Natur und Gesellschaft werde in der Selbstbeschreibung der Moderne das Soziale und die Natur/Technik weiterhin fein säuberlich getrennt: auf der einen Seite das Soziale, welches durch Aushandlungsprozesse (Kommunikation) gekennzeichnet sei, auf der anderen Seite die Natur und die Technik, die etwas Feststehendes = Objektives und durch die Naturwissenschaften zu Erforschendes seien. Entweder sei etwas der naturwissenschaftlichen Erkenntnis zugänglich und somit objektiv zu erfassen, oder es sei sozial und damit politisch verhandelbar. Diese Selbstbeschreibung der Moderne übersehe, dass ihr in Wirklichkeit eine starke Tendenz zur Hybridisierung innewohne. *Ja, wir leben in einer Hybridwelt, die gleichzeitig aus Göttern, Menschen, Sternen, Elektronen, Atomkraftwerken und Märkten besteht ...* (HP:27) Heute lassen sich Latour zufolge die Dinge nicht mehr so einfach in die Rubriken »Natur«, »Gesellschaft« oder »Sprache« einteilen. »Quasi-Objekte« seien *gleichzeitig real, diskursiv und sozial.* (M:87) Dies lasse sich exemplarisch an einem Phänomen wie dem Ozonloch beobachten. Ist es eigentlich ein Naturereignis oder von Menschen konstruiert? Offenkundig beides! Heute sind menschliche, soziale und nicht-menschliche, natürliche/technische Wesen auf vielfältige Weise verknüpft. Hybriden wie das Ozonloch oder BSE fasst Latour als sogenannte Aktanten-Netzwerke aus FCKWs, Luftmassen, Verbrauchern, Industrieanlagen, Umweltschützern usw. zusammen.

Das Ozonloch sei zwar kein selbstbewusster Aktivposten, es rufe aber Handlungen hervor oder ihm werde Handlungsaktivität durch andere zugewiesen. Es bewegt andere dazu, etwas zu tun. Vieles könne solcherart verändernd wirken: Dinge, Tiere, Zaubersprüche, Nachrichten oder eben das Ozonloch. Latour stellt die recht einfach klingende Frage, ob sich durch die An- bzw. Abwesenheit von bestimmten Gegenständen etwas Wesentliches verändern würde. Ist dies der Fall, besitzen sie Wirkungskraft und sind Aktanten im Spiel der Kräfte. Zum Beispiel konstruieren Menschen automatische Türschließer[2], aber umgekehrt wird auch das Verhalten der Menschen durch die Türschließer geformt. So werde zum Beispiel von einem häufig Ein- und Austretenden erwartet, dass er die Tür durch einen kleinen Gegendruck sanft ins Schloss fallen lässt, falls sie beim Zufallen ein sehr lautes Geräusch verursacht. Ähnliches ließe sich über die Bodenschwelle in einer verkehrsberuhigten Straße sagen. In ihr sei, wie Latour sagt, die *Artikulation* enthalten: *Fahre langsam, damit du keine Passanten gefährdest!* Kernkraftwerke, Pillen, Roboter können alle, wie Latour sagt, *Aktanten* sein. Unermüdlich hebt er hervor, dass in seiner Soziologie auch die Nicht-menschlichen Wesen *Akteure* sind (...) *und nicht bloß die glücklosen Träger symbolischer Projektion.* (SG:25). Deshalb können auch *Jakobsmuscheln* ebenso wie die Netze, mit denen sie gefangen werden, Aktanten sein. *Jakobsmuscheln bringen den Fischer dazu, Dinge zu tun, so wie in den Ozean getauchte Netze die Muscheln dazu verlocken, sich an die Netze zu heften, und wie Datensammler Fischer und Muscheln in der Ozeanographie zusammenbringen.* (SG:185f) Deutlich wird, dass für Latour auch nicht-menschliche Wesen Verschiebungen im menschlichen Willen bewirken können.

Somit weist Latour den intentionalistischen Handlungsbegriff der traditionellen Soziologie, wonach nur Menschen Handlungen vollziehen können, zurück. Wie erwähnt, fragt er in seiner Handlungstheorie, was es heißt, jemanden/jemand/etwas dazu zu bringen, etwas zu tun. (SG:122,Anm.15) Dadurch bringt er die Dinge, Objekte, Gegenstände in den Handlungsverlauf zurück. Wasserkessel »kochen« Wasser, Messer »schneiden« Fleisch, Schlüssel »verschließen« Räume, Geländer »bewah-

ren« Kinder vor dem Fallen, Seife »entfernt« den Schmutz, Stundenplä-
ne »listen« Lehrveranstaltungen »auf«, Preisschilder »helfen« den Menschen beim Rechnen usf. (vgl. SG:122) Während die Vertreter der
analytischen Sprachphilosophie – Ludwig Wittgenstein oder Gilbert Ryle
– auf die Gefahr eines Kategorienfehlers (die Subjekt-Objekt-Logik der
Sätze wird fälschlicherweise als Realität genommen) hinweisen, betont
Latour ganz im Gegenteil, dass man den Begriff der Handlung nicht auf
das beschränken dürfe, was *Menschen* ›*intentional*‹, *mit Sinn tun.*
(SG:123)

Exkurs

Kategorienfehler

Unter einem Kategorienfehler versteht man in der analytischen Philosophie,
dass die Leerstellen einer Aussageform nur durch Ausdrücke eines bestimmten Typs sinnvoll gefüllt werden können. Am Beispielsatz *Die Acht ist nachdenklich* führt Peter Prechtl aus: *Ontologisch interpretiert besteht ein Kategorienfehler darin, einem bestimmten Ding (z. B. der Acht) eine Eigenschaft
(im Beispiel nachdenklich zu sein) zuzusprechen, die Dingen von dieser Art
generell nicht zukommt.*[3]

Gegenüber der analytischen Sprachphilosophie dreht Latour den Spieß
gleichsam um, wenn er betont, dass es viele Instanzen gibt, die eine Tat
motivieren. Für ihn ist es zum Beispiel ein Missverständnis zu sagen, dass
ein Pilot der Air Force fliegt, während in Wirklichkeit viele Agenturen
zusammenwirken müssen, dass er fliegen kann: z. B. die Air Force, die
staatliche Finanzierung der Luftwaffe, die Bereitstellung von Kerosin
durch die Erdölindustrie. Latour: *Eine Boing 747 fliegt nicht, es sind Fluggesellschaften, die fliegen.* (HP:236)

   Epistemologisch bewegt sich Latours Neuansatz zwischen den Polen
des Realismus und des Konstruktivismus. Während die Realisten behaupten, reine Naturwissenschaft dürfe nichts mit der Gesellschaft und
ihrer Politik zu tun haben, betonen die Konstruktivisten, dass auch im
Labor vor allem soziale Prozesse stattfinden. Erstere bestehen darauf,
dass die Realität unabhängig von der menschlichen Wahrnehmung existiert, während die Konstruktivisten betonen, dass wir im Erkenntnispro-
zess die zu erkennenden Gegenstände erst herstellen. Beide Positionen
setzen einer stummen Welt der Dinge die soziale Welt der symbolischen
Ordnung entgegen. Realisten sehen es als die oberste Aufgabe der Wissenschaft an, eine *äußere* und von ihr unabhängige Wirklichkeit zu ent-

decken. Die Konstruktivisten auf der anderen Seite halten die Wissenschaft für ein kulturelles Phänomen und begreifen Erkenntnisse als Konstrukte, die mit der wirklichen Wirklichkeit nichts zu tun hätten. Latour zufolge sind beide – *Realisten* und *Konstruktivisten* – im Denkgebäude einer mehr als zweitausendjährigen Tradition, deren Credo laute, dass Wissenschaft und Technik den Fortschritt der Menschheit garantierten, gefangen. Er erteilt beiden epistemologischen Richtungen eine eindeutige Absage. Auf die Frage *Glauben Sie an die Wirklichkeit, Herr Latour?*, bemerkt er nur: *Gibt es überhaupt Menschen, die nicht an die Wirklichkeit glauben?* Was Latour interessiert, ist nicht, ob die Wirklichkeit existiert, sondern, in welcher Art von Wirklichkeit wir leben und aus welchen Dingen, Netzwerken und sozialen Beziehungen sie besteht.

Hätten die erkenntnistheoretischen Realisten mit ihrer Behauptung Recht, dass erst die Bewegung der neuzeitlichen Wissenschaft die objektiven Gesetze der Natur freigelegt hätte, käme dies einer Position gleich, wonach die vielen Generationen zuvor in einer Welt voller Irrtümer und verzerrter Wirklichkeitswahrnehmungen gelebt hätten. Wenn umgekehrt – wie die Postmodernen meinen – jede Wissenschaft kultur- und gesellschaftsabhängig ist, müsste, um ein Beispiel zu nennen, die Erfindung der Buchdruckerkunst von Johannes Gutenberg hauptsächlich den kulturellen Gepflogenheiten der Rheinländer im 15. Jahrhundert geschuldet sein. Und dann wäre auch – um noch ein zweites Beispiel anzuführen – die Entdeckung der Blutkörperchen durch Antoni van Leeuwenhoek vor allem durch die Kultur der Niederländer im 17. Jahrhundert bewirkt, was eher unplausibel erscheint. Seine Kritik an Realismus und Konstruktivismus fasst Latour folgendermaßen zusammen: *Aber sich vorzustellen, dass Milliarden seit Anbeginn der Zeiten in deformierten Sichtweisen der Welt leben, ist genauso schwierig wie sich vorzustellen, dass Neutrinos und Quasare, DNS und allgemeine Schwerkraft nichts weiter sind als texanische, englische oder burgundische soziale Produktionen.* (M:140)

Deshalb schlägt Latour einen Standpunkt jenseits von Realismus und Konstruktivismus und jenseits von Moderne und Postmoderne vor, den er selbst als nichtmodern bezeichnet. Die von der Moderne behauptete Unterscheidung zwischen res extensia und res cogitans (Descartes) Innenwelt und Außenwelt (Kant), Subjekt und Objekt (Hegel) lasse sich nicht aufrechterhalten und gehöre zum Mythos der Moderne. Für Latour sind die Dinge in der modernen Welt keine nur passiven manipulierbaren Elemente, sondern ein integraler Bestandteil unserer vernetzten Gesellschaft. Wenn wir nur auf die Menschen und ihre Selbstinterpretationen achteten, kämen wir nicht zu den Dingen und letztlich nicht zum realen Sein der Welt, in der wir lebten. Wenn wir die Dinge nur unter dem Aspekt betrachteten, wie sie von Menschen bewertet und benutzt würden, verstünden wir nicht jenen anderen, wie sie nämlich selbst unser Leben veränderten. Diese Wechselwirkung und Widerspenstigkeit der Entitäten im sozialen Umgang betrifft Latour zufolge nicht nur die alltäglichen Dinge, sondern auch die von Wissenschaftlern in ihren Laboren hergestellten Fakten. *Der Wissenschaftler macht den Fakt, doch wann immer wir etwas machen, haben nicht wir das Kommando: Wir werden von der Handlung leicht überrascht, wie jeder Baumeister weiß.* (HP:345) Die Dinge – resümiert Latour – besitzen ihren Eigenwert, widerstrebende Energien und Handlungskräfte.

Wir leben in *einer* Welt, das heißt, Latour unterscheidet nicht zwischen Vormoderne, Moderne und Postmoderne, da es nur die eine umfassende Menschheit, die ohne die Dingwelt nicht existieren könnte, gibt. Im alten Streit zwischen Glauben und Wissen vertritt Latour eine vermittelnde Position. Wissenschaft und Religion sollen in *eine Resonanz treten* (I:29). Natürlich lassen sich zwischen der europäischen Entwicklung und der Entwicklung anderer Völker gravierende Unterschiede feststellen. Aber diese Unterschiede ließen sich nicht darauf zurückführen, dass sich in Europa ein ominöser Geist des Kapitalismus (Max Weber), der Macht (Michel Foucault) oder der instrumentellen Vernunft (Max Horkheimer) durchgesetzt hätte. Latour sieht den Unterschied zwischen den außereuropäischen Kulturen und Europa in einem anderen Punkt materialisiert. In Europa sei eine *außergewöhnliche Besessenheit der Wissenschaftler von Papieren, Ausdrucken, Diagrammen, Archiven, Zusammenfassungen und Kurven auf Millimeterpapier*[4] zu konstatieren. Springender Punkt des Unterschiedes zwischen den Europäern und dem Rest der Welt sei folglich der gewesen, dass es die Europäer verstanden hätten, ihr Archiv gut zu führen und sich mit ihren Drucken und Zeichnungen sozusagen die ganze Welt ins Haus zu holen. Wie es ja auch schon bei Goethe heißt: *Denn, was man schwarz auf weiß besitzt, / Kann man getrost nach Hause tragen. (Faust)* Indem unsere Kultur die Natur oder überhaupt die Realität auf Papier festhält, kann sie die Dinge und die Menschen dominieren. Im Westen verstand man es, auf Papier entfernte oder fremde Orte zu versammeln und überschaubar darzustellen. Der westliche Mensch glaubt im Zweifel eher seinen Inskriptionen[5] als seinen unmittelbaren Anschauungen und Wahrnehmungen. Erst verwandelt er die Dinge in Papier und dann fasst er das Papier in noch weniger Papier zusammen. Kurz: Es sei die immense Schreibarbeit, die den Westen zu dem machte, was er ist. *Man kann die Sonne nicht messen, aber man kann eine Fotographie der Sonne mit einem Lineal messen.*[6]

Gegenüber solchem »Schreibkram« hätten uns die »Primitiven Völker« eines voraus; sie attestierten nämlich Dingen wie Fetischen, Amuletten, Waffen ein Eigenleben und wertschätzten sie mehr. Doch heute beginnt sich diese Differenz zu relativieren:

Zitat

Früher machten wir uns über primitive Völker lustig, weil sie sich vorstellten, eine Unordnung in der Gesellschaft, eine Verschmutzung, könne die Naturordnung bedrohen. Seit wir aus Angst, der Himmel könnte uns auf den Kopf fallen, kein FCKW mehr verwenden, ist uns das Lachen vergangen. Wie die ›Primitiven‹ fürchten auch wir die durch unsere Nachlässigkeit verursachte Verschmutzung – und das bedeutet, dass weder ›sie‹ noch ›wir‹ je primitiv gewesen sind. (HP:247)

Natürlich geht es Latour nicht darum, den Animismus gegen die westliche Gesellschaft anzuführen oder gar wieder einzuführen. Es geht ihm lediglich darum, darauf hinzuweisen, dass in den »vormodernen« Völkern gar nicht erst versucht wurde, zwischen Subjekt und Objekt, Gesellschaft und Natur exakt zu unterscheiden. Dies sei nämlich – so Latour – in keiner Gesellschaft möglich; auch nicht in der modernen, die zwar behauptet, genau diese Trennung vorzunehmen, während sie in Wirklichkeit laufend Gegenstände produziert, die eben nicht eindeutig der Natur oder der Gesellschaft zuzuordnen sind. Die »Vormodernen« haben es also den »Modernen« voraus, dass sie die Bedeutung gewisser Gegenstände für den Menschen wesentlich ernster nehmen. Und der westlichen Welt würde es gut anstehen, sich der Wichtigkeit der Dinge wieder bewusster zu werden. Latour schlägt vor, ein »Parlament der Dinge« einzurichten, das darüber entscheidet, wie und in welcher Welt mit welchen Akteuren, Dingen, Gegenständen, Pflanzen, Tieren wir leben möchten.

Um seinen Gedanken – dass wir nicht nur einfach von toten Gegenständen umgeben, sondern diese Gegenstände wichtig sind und uns und unsere Umwelt erst humanisieren – Nachdruck zu verleihen, greift Latour auf eine bekannte Anekdote über den griechischen Philosophen Heraklit zurück. Neugierige seien gekommen, um Heraklit beim Denken zuzusehen und darüber enttäuscht gewesen, Heraklit nur vor sich hin dösend am Ofen sitzend anzutreffen. Doch Heraklit weist darauf hin,

dass überall – auch in der stillen Stube am Ofen sitzend – die Götter
walteten. Diese Antwort interpretiert Latour so, dass für das Sein der
Menschen die Dinge der Umgebung wichtig sind. Martin Heidegger
hatte die gleiche Anekdote aufgegriffen, um auf die Bedeutung des Seins
hinzuweisen, das nicht mit bloßer Theorie zu fassen sei. Doch für Heidegger kamen als Träger oder Vermittler des Seins vor allem die noch
ursprüngliche dörfliche Welt im Schwarzwald oder so einfache Gegenstände wie Tische, Holzschuhe usw. in Frage. Es ist nun wichtig darauf
hinzuweisen, dass wenn Latour von der Seins-Bedeutung der Gegenstände spricht, er die von der Technik reproduzierbaren ausdrücklich mit
einschließt: ... ›auch hier sind Götter‹, im Wasserkraftwerk am Ufer des
Rheins, in den subatomaren Partikeln, in den Adidas-Schuhen genauso wie
in den alten handgeschnitzten Holzschuhen, im Agrar-Business genauso
wie in der alten Landschaft, im Geschäftskalkül genauso wie in den herz-
zerreißenden Versen Hölderlins. (M:89) Heidegger bezeichnete nur den
altehrwürdigen Wasserkrug als ein Ding im emphatischen Sinn, während
er für eine industriell hergestellte Coladose den Begriff Gegenstand vor-
gezogen hätte. Genau diesen Unterschied will Latour nicht gelten lassen.
Was geschähe, frage ich mich, wenn wir versuchten, über das Objekt von
Wissenschaft und Technologie, den Gegenstand, zu sprechen, als ob er die
reichen und komplizierten Qualitäten des vielgerühmten Dings hätte?
(EK:25f)

Mit seiner an Edmund Husserl erinnernden Parole Zurück zu den
Dingen zeigt sich Latour von dem im deutschen Sprachraum vergleichs-
weise weniger bekannten französischen Philosophen Michel Serres, der
in der Schrift Der Naturvertrag Rechte auch für Gegenstände fordert,
beeinflusst. Serres hat im übrigen ein Ideal des Philosophen formuliert,
das ziemlich genau auf Latour zutrifft: Gebildeten der dritten Dimension
nenne ich ihn: den Experten in den formalen wie experimentellen Erkennt-
nissen, bewandert in den Wissenschaften (...), den Reisenden in Natur und
Gesellschaft, den Liebhaber der Flüsse, Dünen, Winde, Meere und Gebirge,
den Wanderer auf der ganzen ERDE, (...) auch bewandert in den alten
Sprachen, den mythischen Traditionen und Religionen, ein Freidenker und
Teufelskerl....[7]

Bruno Latour wurde 1947 im burgundischen Beaune als Sohn einer
Winzerfamilie geboren. An der Universität Tours studierte er Philosophie
und Anthropologie und promovierte dort im Jahre 1975 mit einer Arbeit:
Exegèse et ontologie à propos de la resurrection, die bis heute unveröffent-
licht blieb. Betreut wurde sie von dem Theologen Claude Bruaire, einem
Schüler von Gabriel Marcel und Paul Ricoeur. Latour selbst bringt seine

Ausbildung auf die knappe Formulierung: *Ich bin in Philosophie und Bibelexegese ausgebildet worden.*[8] 1977 veröffentlichte er einen schon 1973 gehaltenen Vortrag über die Bedeutung der Wiederholung im Werk des französischen Philosophen und Publizisten Charles Péguy. Darin befasst sich Latour – ähnlich wie Walter Benjamin[9] – mit der Frage, wie man durch eine sorgsame Interpretation die in der Geschichte der Menschheit verkörperten Sehnsüchte und Hoffnungen nach einer besseren Welt wieder aufleben lassen könne. Auch in der von Sachzwängen beherrschten Moderne kann – so der Tenor in dieser Arbeit – jederzeit Neues und Überraschendes hervortreten. Die Technik und die Konsumwelt seien weder zu verglorifizieren noch zu verdammen. Viel wichtiger sei es zu verstehen, wie wissenschaftliche Forschung im Einzelnen aussieht und was sie von anderen Praktiken unterscheidet. Wie einem Laborethnographen geht es Latour darum, die Ursprünge von Technik und Wissenschaft zu erforschen, ohne sie stereotyp auf die Zwangsläufigkeiten des Kapitalismus (Marx), der abendländischen Vernunft (Heidegger, Adorno) zurückzuführen oder gar als Verfehlungen des »weißen Mannes« zu interpretieren. Latour vermeidet es, Erklärungen von außen an die Forscher heranzutragen, sondern will untersuchen, wie in den Labors die wissenschaftlichen Fakten hergestellt werden. Die Fakten sind gemacht, *les faits sont faits,* wie es bei Latour in Anlehnung an den französischen Wissenschaftstheoretiker Gaston Bachelard heißt.

Nach seinem Studium begab sich Latour als Anthropologe für Feldstudien nach Afrika. Zurückgekehrt machte er sich einen Namen, indem er seine erworbenen ethnologischen und anthropologischen Kenntnisse auf die Untersuchung der Arbeitsweisen von Wissenschaftlern und Ingenieuren in den westlichen Gesellschaften anwandte. Als Wissenschaftssoziologe hat er in zahlreichen Studien mit ethnologischen Methoden die Naturwissenschaft, die Wissenschaftler selbst und ihre Instrumente und Versuchstiere in den Blick genommen. Latours Forschungen ergaben, dass die wissenschaftlichen Tatsachen nicht so entdeckt werden, wie man eine Insel entdeckt, sondern dass die Konstruktion der Tatsachen in den Laboren, bei der Feldforschung oder wo auch immer von den historischen Umständen ihrer Gewinnung abhängt. Wie werden aus einer Fülle von Notizen, Tabellen, Laborbüchern und Statistiken wissenschaftliche Papiere und Theorien? Wissenschaftliche Fakten, so Latours These, sind immer fabrizierte Repräsentationen. Ihm geht es darum, möglichst exakt nachzuzeichnen, wie Experimente, Modelle, Formeln ein Objekt überhaupt erst zum Gegenstand der Erkenntnis machen. Zusammen mit den Forschern der Netzwerktheorie hat er die alte Frage

der Wissenschaftstheorie, nämlich wie gut begründete Forschung aus-
zusehen habe, durch die empirisch-historisch-soziologische ersetzt, wie
gute Forschung tatsächlich aussieht. Seit einigen Jahrzehnten gehören
Wissenschaftsgeschichte und Wissenschaftssoziologie zu den interessantesten und produktivsten Disziplinen an den Universitäten in der ganzen
Welt.

In das Jahr 1979 fällt die Veröffentlichung des gemeinsam mit Steve
Woolgar geschriebenen Buches *Laboratory Life*, in dem die Ergebnisse
seiner teilnehmenden Beobachtung im Labor des späteren Nobelpreis-
trägers Roger Guillemin zusammengefasst sind. Dazu hatte Latour zwei
Jahre lang in San Diego die Forscherinnen und Forscher auf dem Gebiet
der Neuroendokrinologie beobachtet. Sein Bericht umfasst viele Aspekte, nicht nur die eigentliche Labortätigkeit, nicht nur wichtige Diskussionen mit Mitarbeitern, sondern auch wie ein Forscher auf die Öffentlichkeit und seine Kollegen einwirken will. Wie gelingt es Forschern
im Labor wissenschaftliche Tatsachen zu konstituieren und welche Rollen spielen dabei rhetorische Strategien und gezielte Experimente? Niemals, erläutert Latour, sei es so, dass einem Stück Welt oder Materie da
draußen gleichsam durch Fingerzeig ein Name gegeben werde; vielmehr
entstünden die wissenschaftlichen Tatsachen, indem sie in Tests und
Experimenten eine Serie von Transformationen durchliefen. Das, was
bei diesen Untersuchungen gleich bleibt, sei dann die Wahrheit einer
Aussage. Wissenschaftliche Tatsachen würden also nicht entdeckt, sondern mit viel Geschick und durch die Anwendung von Techniken produziert. Ob einmal aus ursprünglichen Vermutungen und Annahmen
Lehrbuchwissen wird, sei zunächst völlig offen. Erst im nachhinein erscheint es dann so, als hätte es zu keinen anderen Lösungen bzw. wissenschaftlichen Definitionen in den Lexiken und Lehrbüchern kommen
können. Seit 1982 lehrte Latour als Professor der Soziologie an der Elitehochschule französischer Ingenieure, dem *Centre de sociologie de l'
innovation der Ecole Nationale Supérieure des Mines*. Außerdem unter-
richtete er an der London School of Economics.

1987 veröffentlichte Latour eine Einführung in die Wissenschaftsforschung *Science in Action. How to Follow Scientists and Engineers Through
Society*, in der er anhand zweier Fallbeispiele – der Entdeckung der Dop-
pelhelix und der Konstruktion eines Computers – die konkrete For-
schungspraxis verfolgt. Im selben Jahr erschien die Studie *Aramis or the
love of technology* zu einem geplanten – jedoch nicht umgesetzten – Tech-
nologieprojekt eines vollautomatisierten und modularen U-Bahn-Systems. *Aramis* (so hieß auch einer der drei Musketiere im Roman von

Dumas) sollte Elemente des öffentlichen Schienennahverkehrs mit dem Individualverkehr miteinander vereinen. In dieser Studie wollte Latour über die Labortätigkeit hinausgehend die konkreten Probleme der Umsetzung eines größeren technischen Projekts untersuchen. Dabei sah er sich dem ethnomethodologischen Ansatz des amerikanischen Soziologen Harold Garfinkel verpflichtet, in dem der Schwerpunkt der soziologischen Arbeit auf der teilnehmenden Beobachtung und der Beschreibung liegt.

In der Folgezeit arbeitete Latour am Konzept der Akteur-Netzwerk-Theorie (ANT), deren Akronym ANT auf englisch Ameise heißt; eine Assoziation, die Latour deswegen gefällt, weil sie auf die Detailarbeit hinweist, die in den Augen Latours ein guter Soziologe zu leisten hat. Für Latour steckt eben Gott ebenso wie der Teufel im Detail! Die Herkunft, Veränderungen und Motive für das Handeln ergäben sich erst aus der Rekonstruktion einer minutiösen Detailarbeit. Jedenfalls greife es viel zu kurz, als Erklärung für das Handeln in der Gesellschaft individuelle Nutzenkalküle oder soziale Strukturen heranzuziehen, ohne dabei die (schier unermessliche) Vielzahl der nicht-menschlichen Akteure und Mittler zu berücksichtigen. Eine solche Soziologie bedürfe auf Seiten der Soziologen eines Fleißes vergleichbar demjenigen von emsigen Ameisen. (Vor kurzem fand man allerdings heraus, dass Ameisen gar nicht so viel arbeiten, mithin gar nicht so emsig sind wie gemeinhin vermutet.)

Ende der 90er Jahre formulierte Latour in Werken wie *Wir sind nie modern gewesen* (1998) und *Das Parlament der Dinge* (1999) eine Kritik am Selbstverständnis der »modernen« Gesellschaft, in der die Bedeutung der Dinge bzw. der Quasi-Objekte wie Laborinstrumente, Schlüsselanhänger, Reagenzgläser unterschätzt werde. An Hotelschlüsseln seien zum Beispiel oft schwere Anhänger – manchmal sogar Steine – angebracht, damit die Hotelgäste dazu veranlasst werden, sie an der Rezeption abzugeben. Der Hotelmanager könnte als Alternative dazu ein Schild an der Rezeption anbringen, dass die Gäste es nicht versäumen sollen, ihre Hotelschlüssel abzugeben, damit sie nicht etwa am Strand verloren gehen, wobei es jedoch mehr als wahrscheinlich wäre, dass einige Gäste diese Anweisung einfach ignorieren. Wenn aber der Schlüsselanhänger so schwer ist, dass er gar nicht mehr in die Tasche passt, haben die Hotelgäste gar keine andere Wahl als den Hotelschlüssel abzugeben. Das Beispiel verdeutlicht die Macht der Dinge auf die sozialen Beziehungen und dass in ihnen Handlungsmuster vorgegeben bzw. inskribiert sind. Latour spricht sogar von der *überlegenen Moralität technischer Artefakte*. Ein Schlüsselanhänger ist eben besser als Appelle an die Vernunft dazu geeignet, moralischen Forderungen Gewicht zu verleihen. Gleiches ließe sich für viele andere Techniken, wie etwa elektronische Warnanlagen sagen, die dann anfangen zu piepsen, wenn man z. B. vergessen hat sich im Wagen anzuschnallen. Solche Techniken erweisen sich als besonders geeignet soziale Zusammenhänge zu stabilisieren.

Da sich in den Augen Latours in unserer Gesellschaft die Produktion von Hybriden häuft, fordert er eine öffentliche Diskussion darüber, welche Quasi-Objekte hergestellt und wie sie sortiert werden sollen. Wenn in den »primitiven« Gesellschaften Dinge als Fetische und heilig geehrt werden, habe das immerhin den Vorteil, dass die Menschen sich genauere Gedanken über den Status von den sie umgebenden Gegenständen machen. Demgegenüber herrsche in unserer Welt die Tendenz vor, die Dinge zu entzaubern, um sie im gleichen Atemzug wieder unreflektiert zu vermehren. Keine Kultur habe so viele Bilder und Gegenstände produziert wie die westliche, sodass es eine der Hauptaufgaben der zukünftigen Demokratie sei, sich darüber Gedanken zu machen, mit welchen Fakten, Gegenständen, Techniken und Dingen sie leben wolle. Denn die Gegenstände seien bei weitem nicht so harmlos, wie wir dächten. Sie können sich gegen uns verschwören, sodass es sinnvoll sei, ein einvernehmliches Verhältnis zu ihnen zu gewinnen. Das hört sich zwar eher märchenhaft an, aber man muss nur an den Extremfall des Messi-Syndroms, also an Menschen, die sich von Gegenständen nicht trennen können und deren Wohnung vermüllt, erinnern, um auf die Komplexität des Verhältnisses zwischen den Menschen und den Dingen hinzuweisen.

Es gehört zu Latours Ansatz, dass er für die Soziologie Begriffe aus der Literaturtheorie entleiht, womit er sich von der strukturalistischen Semantik von Algirdas Greimas, die ihrerseits aus Anleihen von den Studien des russischen Volkskundlers Wladimir Propp über russische Volksmärchen entstand, beeinflusst zeigt. Colin Finn führt in einer Einführung über den *Konstruktivismus* aus: *Im Volksmärchen spielen Menschen, Dinge und Tiere gleichberechtigt zusammen: Der Mensch spricht mit den Tieren, mit seinem Werkzeug in der Werkstatt, und mit den Dingen, denen man in der Natur begegnet: Sie sind alle gleichberechtigte ›Akteure‹. Latour verwendet jedoch einen etwas anderen, wenn auch verwandten Ausdruck: den von Greimas entliehenen Begriff Aktant.*[10] Eine Theaterfigur – Hamlet zum Beispiel – kann als Aktant begriffen werden, die in unterschiedlichen Kontexten ganz verschiedene Gedankengänge stark macht. In Shakespeares gleichnamigem Drama ist Hamlet eine Figur mit ihrer eigentümlichen Wirkkraft, in einem Essay kann »Hamlet« metonymisch für den »Untergang des Adels«, in einem anderen für den der gesamten westlichen Zivilisation stehen. Den aus der Literaturtheorie ausgeliehenen Begriff des »Aktanten« dehnt Latour nun auf alle Bereiche der Gesellschaft und der Wissenschaft aus. Wie die Figur Hamlet im Theaterstück oder in Essays können in Experimenten Säuren, Reagenzgläser, Würmer für ziemlich verschiedene Interpretationen, Plots und Szenarien in Anspruch genommen werden.

<Exkurs>

Hybriden in der modernen Kunst

Latours soziologischer Ansatz Natur und Gesellschaft bzw. Natur und Künstlichkeit zu vermischen entspricht einer Entwicklung in der modernen Kunst. Schon Pablo Picasso setzte einen Fahrradsattel und einen Lenker so zusammen, dass daraus ein uns anstarrender Stier entstand und auch Marcel Duchamp ging es in seinen *Readymades* (Fertigteile) darum, herauszufinden, wie die Dinge in einen anderen Rahmen gestellt, völlig neue Wirkkräfte entfalten können. Neuerdings ist es der 1967 in Kopenhagen geborene Künstler Olafur Eliasson, der sich in Shows wie *The nature of things* oder mit seinem tiefgekühlten *BMW Art Car* (ein Auto unter einem Kältezelt) für Vermischungsverhältnisse von Natur und Kultur bzw. Kunst, Technik interessiert. In seinem Projekt East River baut Eliasson vierzig Meter hohe künstliche Wasserfälle mitten in der Metropole New York.

Mit dem Begriff *Faitiche* in Studien wie *Petite Reflexion sur le culte moderne des dieux Faitiches* (1996) und *Paris ville invisible, ein fotographischer Essay über die Stadt Paris* aus dem Jahre 1998 will Latour darauf hinweisen, dass wissenschaftliche Theorien, Gegenstände, Waren, Techniken sowohl von Menschen gemacht (fait) sind, als auch etwas Unbeherrschbares, also etwas von einem Fetisch an sich haben. *Der Neologismus Faitiche ist eine Kombination aus Fakt (fait) und Fetisch (fétiche) und stellt klar, dass beiden ein Element der Fabrikation gemeinsam ist.* (I:32, Anm. 18) Demgegenüber kennt der moderne Aufklärer (und Bilderstürmer) auf der einen Seite nur Fakten und auf der anderen Fetische. Damit will der Aufklärer die Fetische der primitiven Völker mittels Fakten bloßstellen, wobei er regelmäßig vergisst, dass auch die wissenschaftlichen Fakten von Menschen *hergestellt* und *konstruiert* sind, nicht nur die Fetische der »Wilden«.

Auch die Institutionen der westlichen Kultur lassen sich in erster Linie als aus unserer Kultur heraus entstandene und gemachte – und nicht etwa aus den Prinzipien der reinen Vernunft oder des reinen Rechts heraus abgeleitete – verstehen, wie Latour im Jahre 2002 in einer Feldstudie über einen der Obersten Gerichtshöfe Frankreichs: *La fabrique du droit. Une ethnographie du Conseil d´Etat* – *(Herstellung des Rechts anhand einer Ethnographie des französischen Staatsrats)* herauszuarbeiten versuchte. Im gleichen Jahr kuratierte er zusammen mit dem Medienwissenschaftler Peter Weibel am Karlsruher Zentrum für Kunst und Medientechnologie die Ausstellungen *Iconoclash*. Das Wort *Iconoclash* ist eine Neuschöpfung, die zum Ausdruck bringen soll, dass es beim Prozess der Aufklärung immer um einen Krieg bzw. Kampf verschiedener Bilder geht und nicht, wie die Aufklärer vorgeben, um die Entlarvung von falschen Theorien mittels »nackter« Tatsachen oder Fakten. Damit widerspricht Latour dem Axiom der Aufklärung, dass in den Laboren die wissenschaftlichen Kontroversen entschieden werden, um demgegenüber zu betonen, dass die in ihnen geschaffenen wissenschaftlichen Tatsachen vielmehr immer neue Streitfälle hervorrufen. Unermüdlich weist Latour darauf hin, das auch die wissenschaftlichen Tatsachen konstruierte Bilder – eben Faitische – seien. Deshalb könne es zukünftig nicht darum gehen, Bilder durch Tatsachen zu ersetzen. Vielmehr sollten Bilder durch andere – bessere – ausgetauscht werden. Schon Jesus habe bei seiner Räumung des Tempels nur die Händler austreiben und nicht etwa den Tempel als solchen zerstören wollen. Zwei Jahre später kuratierte Latour mit Peter Weibel in Karlsruhe erneut eine Ausstellung, diesmal mit dem Titel: *Making Things Public* (2005), in der es darum ging, die Politik für die Welt der Dinge zu interessieren, auf die sich die Aufmerksamkeit der Öffentlichkeit richten soll.

Ein bisheriger Höhepunkt von Latours Schaffen stellt sein 2005 veröffentlichtes Werk *Eine neue Soziologie für eine neue Gesellschaft* dar. In ihm entwickelt er seine Sicht einer Entgrenzung des Sozialen bis hin zu dem Gedanken, dass sich Gesellschaft, Technik und Natur nur als Netzwerk begreifen lassen, weiter. Man müsse den Begriff der Gesellschaft neu definieren. Sie sei keine starre die Handlungen, Gedanken und Taten der Individuen determinierende Einheit, sondern eine Verbindung höchst unterschiedlicher Aktanten zum Beispiel von gefährlichen Viren, wissenschaftlichen Überzeugungen, leidenschaftlichen Naturkatastrophen usw. Diesen ebenso unerwarteten wie netzwerkartigen Verknüpfungen nachzuspüren sei die eigentliche soziologische Aufgabe. In seinem Werk plädiert Latour zukünftig den Begriff »Gesellschaft« durch den des »Kollektivs« zu ersetzten, wobei er unter einem Kollektiv Verfahren und Vorgehensweisen begreift, um Assoziationen von menschlichen und nicht-menschlichen Wesen zu schaffen. Seit Juni 2007 ist er Professor an der Elitehochschule Sciences Po in Paris. Seine Bücher sind in mehr als 20 Sprachen erschienen.

Mit einigem Recht könnte man Latour als den Andy Warhol der Soziologie bezeichnen. Ähnlich wie Warhol in den 60er Jahren in der Kunst die Alltagsgegenstände – zum Beispiel eine Brillo-Box (Waschpulverkarton) – zu einem wertvollen Kunstgegenstand werden ließ, will Latour den Dingen als wichtigem Sozialfaktor zu ihrem Recht verhelfen. Denn ohne Dingwelt gäbe es keine Sozialwelt. Die Dinge – und nicht die Sprache – bildeten die wichtigste Fuge zwischen den Menschen. Sie tragen zur Verzahnung des gesellschaftlichen Räderwerks mindestens ebenso bei wie die Sprache. Schon Martin Heidegger betonte, die Bedeutung der Dinge aus unserer näheren Umgebung – die er Zeug oder Zuhandenes nannte – für unser In-der-Welt-sein. *Das Dasein aber ist ›in‹ der Welt im Sinne des besorgend-vertrauten Umgangs mit dem innerweltlich begegnenden Seienden.*[11] Die Menschen könnten ohne die Dinge nicht leben. Über Heidegger hinaus gehend will Latour jedoch die strikte Trennung zwischen den Naturwissenschaften und der Gesellschaft zugunsten des Gedankens, dass zwischen beiden Gebieten laufend Netzwerke geschaffen werden, überwinden. Darin zeigt er sich wie schon erwähnt insbesondere von dem Philosophen Michel Serres beeinflusst.

Michel Serres

Schon seit seinen philosophischen Anfängen in den 60er Jahren des letzten Jahrhunderts interessierte sich Michel Serres, der insgesamt fünf Bücher über Kommunikation mit dem gemeinsamen Übertitel *Hermes* verfasst hat, für die Logik des Netzwerkes. Wie bei Latour geht es auch in Serres' Netzwerktheorie um die Überwindung von Dualismen wie Geist und Materie, Mensch und Technik. In *Der Naturvertrag*[12] kritisiert er, dass in der Moderne systematisch die wirkliche Welt der Dinge übergangen werde. *Genau wie der Gesellschaftsvertrag ignoriert auch die Erklärung der Menschrechte die Welt, übergeht sie mit Stillschweigen.* [Serres, 1994, S.64] Die von Hobbes, Locke und Rousseau entwickelte Konstruktion des *Gesellschaftsvertrages* begreife die Welt als *eine gewaltige Ansammlung von Dingen, die auf den Stand passiver Objekte des Aneignungsstrebens reduziert waren.* [Serres, 1994, S.65] Weil der moderne Mensch die Dinge weitgehend ignoriert, überantworte er sie der Zerstörung. Von Serres stammt der Begriff der Quasi-Objekte, die die gewohnten Grenzen zwischen Sozialem, Realem und der Sprache überschreiten und das soziale Band erst knüpfen, zum Beispiel Geld, Bälle, Monstranzen, welche soziale Handlungen vorzeichnen. (vgl. hierzu Latours Studie zum Berliner Schlüssel, der dazu zwingt, die Haustür hinter sich abzuschließen. BS:37-519) Serres fordert in Bezug auf den neuzeitlichen Naturrechtsbegriff, wonach nur der Mensch als Individuum oder als Gruppe ein Rechtssubjekt werden kann, eine einschneidende Veränderung. *Wir haben noch keinen Gleichgewichtszustand hergestellt, bei dem die Welt in der Schlussbilanz ins Gewicht fällt.* (Serres, 1994, S.66)

Die Objekte, so Serres, sollen nicht mehr nur Dinge für das allgemeine Aneignungsstreben darstellen, sondern selbst Rechtssubjekte werden. Die moderne Vernunft sehe sich vorwiegend in der Rolle der Herrscherin über die Natur. Naturwissenschaft und soziale Gerechtigkeit, instrumentelle Vernunft und kommunikative Vernunft sind Serres zufolge durch keinen unüberbrückbaren Graben getrennt. Schon Leibniz habe die technische und die juristische Vernunft nicht als verschieden aufgefasst. *Urteilen heißt abwägen: berechnen beim Handeln, denken, was das Wort angeht.* (Serres 1994:146) Wissenschaftliche oder philosophische Streitfragen ließen sich mittels eines Kalküls wie Rechenaufgaben entscheiden. In der Natur herrsche ein universales Gerechtigkeitsprinzip. Leibniz zufolge kann man die biologischen Gesetze *buchstäblich Gerechtigkeitsgesetze nennen.* (Serres 1994: 146) Für Serres – und für Latour – gibt es kein menschliches Kollektiv ohne die Dinge: *(...) die Beziehungen zwischen den Menschen verlaufen über die Dinge, unsere Beziehungen zu den Dingen verlaufen über die Menschen (...)* (Serres, 1994:79) Durch die Universalisierung der Menschheit – überall auf der Erde ließen sich heute Menschenmassen finden – sei die Natur, so Serres, zu einem Quasi-Objekt geworden. Ein Stück unberührter Natur könne man nicht mehr finden.

Wie erwähnt, übernahm Latour von Serres den Begriff der Quasi-Objekte.[13] Die moderne Wissenschaft will klar zwischen Natur und Kultur trennen. Erreicht hat sie das genaue Gegenteil. Denn gerade Wissenschaft und Technik schufen Kultur-Natur-Hybriden wie abgebrannte tropische Regenwälder, aussterbende Tier- und Pflanzenarten. Der zukünftige Vertrag mit der Natur, den Serres vorschlägt, gründet nicht in der Sprache. *Etymologisch und vom Wesen der Dinge her* umfasst *(herv. R.R.) ein Vertrag. (...) der Vertrag verquickt unsere Zwänge und unsere Freiheiten.* (Serres 1994:178) Ein Vertrag verträgt. Es geht Serres beim *Naturvertrag* also darum, ein *verträgliches* freundschaftliches Verhältnis zur Natur zu begründen.

Wie Serres leugnet Latour den von den modernen Philosophen postulierten Graben zwischen den Natur- und Geisteswissenschaften, wonach die Naturwissenschaften für die harten Fakten und die Geistes- und

Gesellschaftswissenschaften für die Interpretationen zuständig seien: die berühmte Unterscheidung zwischen Erklären und Verstehen. Latour zufolge muss man nur das Vorgehen der Forscher genau genug nachzeichnen, um zu sehen, dass es eine reine Wissenschaft ohne gesellschaftliche Kontamination nicht gibt. Die wissenschaftlichen Kontroversen liefen heute vielmehr zwischen den früher gut getrennten Bereichen hin und her. Heutzutage seien menschliches Handeln und die Wirkkräfte von Technik und Natur in komplexen Interaktionen eng miteinander verwoben. Wir produzieren laufend Zwischenwesen, die man nicht eindeutig der Natur oder der Gesellschaft zuordnen kann. Die globale Gesellschaft sei bis in ihre kleinsten Verästelungen hinein von der Wissenschaft und Technik geprägt. Folglich gebe es kein einheitliches Gebiet der naturwissenschaftlichen Fakten, das sich eindeutig von der Ethik, Ästhetik, Politik und dem Recht abgrenzen ließe.

Philosophie und Kultur sind für Latour nicht bloß Umschreibungen einer höheren Bildung, sondern hätten mittlerweile schon eine anthropologische Bedeutung angenommen. In jeder Natur- und Geisteswissenschaft gebe es eine Fülle von unterschiedlichen Sichtweisen und Kontroversen. Wir müssten lernen zu entscheiden mit welchen Kosmologien, Evolutionstheorien, wissenschaftlichen Ansätzen usw. wir leben wollten. Innerhalb der Physik, der Biologie, der Physik der Chemie gibt es Latour zufolge ebenso viele unterschiedliche Forschungsansätze wie in den Geisteswissenschaften. »Einigung« unter den verschiedenen Interpretationen und Ansätzen, sofern das überhaupt möglich sei, könne nur von einem politischen Prozess ausgehen. Die Naturwissenschaftler sollten endgültig ihre Pläne aufgeben, das Gemeinwesen durch eine einzige Theorie – die ohnehin meist nur Übertreibung sei – beherrschen zu wollen. Im Gegenzug fordert Latour die Geisteswissenschaftler dazu auf, selbstbewusster und offensiver aufzutreten und sich nicht ständig defätistisch als Randerscheinung der Gesellschaft zu fühlen. Politiker, Wissenschaftler, Journalisten und Pädagogen müssten endlich begreifen, dass wir in einer Welt leben, in der die Debatten zwischen einer »naturwissenschaftlichen Weltsicht« und einer »geisteswissenschaftlichen« überholt sind.

Über sein Werk verstreut finden sich Interpretationen klassischer philosophischer Texte oder Richtungen, vor deren Hintergrund sich Latours netzwerktheoretischer Ansatz noch klarer abhebt. Latour ist kein Gegner der Metaphysik, insofern gerade ihre Spekulationen uns vor einem kruden Materialismus und Reduktionismus in den Wissenschaften bewahren könnten. Gern zitiert er das Diktum von Alfred North Whitehead: *Der Rückgriff auf die Metaphysik ist wie das Entzünden eines Pul-*

verfasses. Es sprengt die gesamte Arena in die Luft.[14] Die Metaphysik bietet uns vielfältige Betrachtungsweisen des Kosmos und der Dinge an, sodass die einseitige Naturalisierung gerade nicht als der einzig richtige Königsweg in der Forschung erscheint. In einer an Walter Benjamin angelehnten Wendung, wonach der Traum die Individualität wie einen hohlen Zahn lockert, lässt sich mit Latour sagen, dass die Metaphysik die Verhärtungen des neuzeitlichen Szientismus aufzurütteln hilft. Anders als Marx, Nietzsche, Wittgenstein und Heidegger will Latour die Metaphysik nicht ein weiteres Mal begraben, sondern besteht auf deren Permanenz: *Nur ein Forscher, der in der Begriffsgymnastik ausgebildet ist, wie sie die philosophische Tradition liefert, ist schnell, stark, kühn und flexibel genug, um sorgfältig zu registrieren, was sie (die Akteure R.R.) zu sagen haben.* (SG:90)

Bei Latour nimmt deshalb die Philosophie zurecht einen wichtigen Platz ein. Wie der französische Philosoph Jean-François Lyotard in seinem Werk *Das postmoderne Wissen*[15] spricht auch Latour von der Metaphysik als einer »Großen Erzählung«. Doch anders als Lyotard stellt er deren Nutzen und Notwendigkeit heraus:

Zitat

Nichts ist unentbehrlicher als die Vervielfachung der großen Erzählungen (...) Die großen wissenschaftlichen Erzählungen über den Ursprung der Welt vom Big Bang bis zum Wärmetod der Sonne, über die Evolution des Lebens von der Amöbe bis zu Einstein, über die Universalgeschichte ›von Plato bis zur Nato‹ und die alltäglichen Morgensitzungen mit Gott über die ›Theorie im Ganzen‹ jedes dieser wahnsinnigen Fresken schlägt eine mögliche Einigung vor. (PD:185)

Latour im Profil

Latour und die Akteur-Netzwerk-Theorie (ANT)

*Lassen Sie die Hermeneutik beiseite, und gehen Sie
zurück zum Objekt – oder vielmehr zum Ding. (SG:251)*

Die ANT wurde seit Mitte der 80er Jahre vor allem von dem Soziologen
Michel Callon und Bruno Latour entwickelt. Nach einer breiten Rezeption im angelsächsischen Sprachraum wird sie seit einigen Jahren auch
hierzulande zunehmend beachtet. Die ANT geht davon aus, dass sich die
Technik, die Natur und das Soziale wie in einem Netzwerk gegenseitig
beeinflussen. Sie verwirft den Ansatz sogenannter reduktionistischer Theorien, dass letztlich alles – Politik, Kunst, Religion, Wissenschaft – sozial
konstruiert oder vorwiegend auf einen einzigen (soziologischen, naturwissenschaftlichen, kognitiven) Faktor zurückzuführen sei. Demgegenüber betont die ANT das Handlungspotential von Gegenständen. Nicht nur
der Mensch sei Akteur im gesellschaftlichen Geschehen, sondern es gebe
viele Faktoren bzw. Aktanten, die die konkreten Ereignisse bzw. Operationsketten von Handlungen beeinflussten. Da das Wort »Akteur« im Eng-
lischen wie im Deutschen meist nur für Menschen benutzt wird, gebraucht
Latour auch häufig den aus der Semiotik entlehnten Ausdruck »Aktant«
um die nicht-menschlichen Wesen in die Definition der Handlungsträger
mit einzubeziehen. (Vgl. HP:372) *Der Begriff des Aktanten hat – neben dem
des Akteurs – in der literarischen Semiotik den Begriff der Person oder der
dramatis persona ersetzt, denn er umfasst nicht nur Menschen, sondern auch
Tiere, Objekte oder Konzepte.* (M:115Anm.3)

Die Welt der Dinge und der Menschen nicht mehr getrennt, sondern
die Dinge als festen Bestandteil unserer Netzwerke und Operationsketten
aufzufassen ist der Kerngedanke der ANT. Anstatt »eindeutige« kausale
Erklärungen liefert die ANT Beschreibungen von Operationsketten in
verschiedenen Wissensgebieten wie zum Beispiel der Soziologie, Geschichte oder der Wissenschaftsforschung. Die Elemente von Operationsketten sind Personen, Artefakte, Dinge, Zeichen. Sie alle wirken auf-

einander ein und können sich gegenseitig transformieren. Dabei legt die ANT ihren Schwerpunkt darauf, solche Operationsketten zu *beschreiben*, anstatt sie *erklären* zu wollen, wobei letzteres heißt, sie auf bestimmte Faktoren zurückzuführen, die alle anderen determinieren.

Heute herrsche – so Latour – das weit verbreitete Missverständnis vor, dass das Soziale eine feste Größe und ein starker Kitt zwischen den Menschen ist. Doch das sei eine falsche Hypothese. Im 19. Jahrhundert habe man diesbezüglich anders gedacht. Wegen der vielen Krisen und Umbrüche infolge der industriellen Revolution habe man damals ein viel klareres Bewusstsein darüber gehabt, wie gefährdet in Wirklichkeit der soziale Zusammenhalt ist. Doch mittlerweile sei das Gefühl für die Brüchigkeit des Sozialen weitgehend verloren gegangen, wofür Latour u.a. die Disziplin der Soziologie verantwortlich macht. Bei einem Klassiker der Soziologie – dem Soziologen Émil Durkheim – werde zum Beispiel die Gesellschaft als eine die Individuen fest umklammernde und bis in ihre Gedanken bestimmende Macht hypostasiert. In Wirklichkeit – so Latour und die ANT – werde die Gesellschaft jedoch weniger von den Menschen als von den Dingen entweder zusammengehalten oder aber auch aufgesprengt! Wer heute das Soziale erforschen wolle, müsse sehr viel mehr Faktoren als nur die gesellschaftlichen berücksichtigen.

Seine Idee, dass die Dinge Handlungsträger sind, erläutert Latour u.a. an drei verschiedenen mittlerweile berühmt gewordenen Fallstudien über Schusswaffen, Muscheln und den Berliner Schlüssel.

Eine Waffe lasse sich sowohl als Objekt, aber auch als Akteur begreifen. Von ihr gehe ein eigenartiger Impuls als Handlungspotential aus. ... *wer wollte nicht schon einmal mit einem Messer in der Hand damit auch auf irgend etwas oder irgend jemanden einstechen? Jedes Artefakt hat sein Skript und das Potential, einen Passanten aufzuhalten und zu zwingen, in seiner Geschichte eine Rolle zu übernehmen.* (HP:215) Andererseits sind es natürlich die Menschen, die töten und nicht die Waffen. (vgl. HP:214) Wenn Menschen und Waffen, wie Latour sagt, eine Assoziation eingehen, dann verändern sich beide: Mit einer Waffe in der Hand ist man ein anderer, und auch die Waffe ist dann im Vergleich zu ihrer Aufbewahrung im Schrank etwas anderes geworden. Waffen-, Brillenträger, Autofahrer seien so etwas wie Cyborgs, also integrierte Mensch-Technik-Kopplungen: *Weder Menschen noch Waffen töten. Vielmehr muss die Verantwortung für ein Handeln unter den verschiedenen Akteuren verteilt werden.* (HP:219) Latour spricht von einer Wirkungseinheit von Mensch und Waffe oder von dem Aktant: »Mensch-Waffe«, das heißt, der oder das

Handelnde sei ein an sich unzertrennliches Mischwesen aus Fleisch, Geist und Schießeisen.

Eine andere Fallstudie betrifft die Assoziationen zwischen Muscheln und Menschen.[16] Anfang der 70er Jahre hatte in der Bucht von St. Brieuc der Bestand an Kammmuscheln wegen der Überfischung und infolge natürlicher Feinde deutlich abgenommen. Um sie vor Fressfeinden zu schützen wurden von Forschern die Muschellarven in im Meer schwimmende Behälter (Kollektoren) gegeben. Die ANT beschreibt diesen ganzen Vorgang als Übersetzungs- und Netzwerkprozess zwischen den Forschern, den Kammmuscheln, den Fischern und sonstigen Auftraggebern. Denn wenn die Kammmuscheln überleben, die Forscher ihr Wissen erweitern, die Fischer ihren Beruf weiter ausführen wollen, dann müssen sie auf eine gewisse Art und Weise eine Allianz bzw. ein Netzwerk eingehen. Nehmen die beteiligten Akteure ihre ihnen zugewiesenen Rollen an? Nicht so ohne weiteres. Die Fischer – so Latour – kämen nicht umhin »Verhandlungen« mit den Tieren zu führen. Die Muschellarven seien nicht so einfach willens, sich in den Kollektoren zu verankern. Erst müssen die Forscher eine Reihe von Elementen ausschließen. Mit den Kammmuscheln »zu verhandeln« heiße, zuerst mit den Meeresströmungen zu verhandeln, mit den Parasiten usw. Um die Larven dazu zu bringen, die Kollektoren als Unterschlupf zu *akzeptieren,* müssten von Seiten der Forscher *Zugeständnisse* gemacht werden, z. B. hinsichtlich des Materials der Kollektoren oder der Höhe über dem Meeresboden, in der sie aufgehängt sind. Das Beispiel zeigt, dass in den Augen der ANT nicht nur die Politik, sondern auch wissenschaftliche Forschung ein Prozess multilateraler Aushandlung zwischen den verschiedensten Akteuren, nicht nur den menschlichen, ist.

Der Berliner Schlüssel ist ein Schlüssel mit doppeltem Bart, mit dem man verhindert, dass ein Mieter das Abschließen der Tür vergisst. Damit verkörpert er eine Technik, die sich unmittelbar auf die Interaktion von Menschen auswirkt. Der Schlüssel signalisiert Latour zufolge einen bestimmten Umgang unter den Menschen. Heute fast unbekannt wurde er 1912 dazu erfunden, Mieter zu zwingen, nach dem Öffnen der Haustür wieder abzuschließen, um der steigenden Kriminalität Herr zu werden. Der Schließmechanismus des mit zwei Bärten ausgestatteten Schlüssels garantierte, dass der Mieter jedes Mal die Tür hinter sich abschließen musste, wenn er nach 20 Uhr nach Hause kam. Erst musste normal aufgeschlossen und dann der Schlüssel durch das Schlüsselloch geschoben werden. Nachdem dann die Tür von innen abgeschlossen war, konnte man den Schlüssel wieder abziehen. Der Berliner Schlüssel sei nicht nur ein passives Objekt, sondern stifte gesellschaftliche Beziehungen. Der Schlüssel trage ein Aktionsprogramm, sozusagen eine Handlungsanleitung in sich, die lautet: »Schließen Sie bitte die Haustür nachts immer hinter sich zu!« Laut Latour werden Appelle, Aufforderungen, Mitteilungen nicht nur durch die Sprache, sondern auch durch Dinge übermittelt. Mehr noch! Mit Sprache allein lasse sich das soziale Gefüge nicht festigen. Erst mit Hilfe des Schlüssels ließ sich eine bestimmte Disziplin durchsetzen. Nach Latour sind soziale Bindungen ohne materielle Akteure undenkbar: *Denn das Soziale lässt sich nicht aus Sozialem aufbauen, es braucht Schlüssel und Schlösser.* (BS: 49) Technische Vorrichtungen sind sinnstiftend, sie treten als Akteure auf, ohne die das Soziale undenkbar wäre.

Mit Hilfe des Netzwerkbegriffes versucht Latour auch die in der Soziologie ansonsten übliche Unterscheidung von makrosoziologischen Struktur- und mikrosoziologischen Handlungstheorien zu überwinden.[17] Dabei legt er den Schwerpunkt bei der Erklärung sozialer Phänomene auf ihre Beschreibung, wie sich nämlich Handlungsketten, Institutionen, Fragestellungen, Problemkreise netzwerkartig ausdehnen und an welchem Punkt sie stehen bleiben oder sich zurückentwickeln. Ein wesentlicher Punkt dabei ist, dass die in das Netzwerk eingeschlossenen einzelnen Aktanten, Entitäten, Akteure durch diese Einbindung selbst transformiert und damit andere werden. Ein bisschen gleicht die ANT dem Versuch der Surrealisten der 30er Jahre einen anderen Blick auf die Gegenstände des Alltags zu werfen, sie gleichsam aus ihrer Starre herauszuholen und ihnen entgegen dem großangelegten Entzauberungsprogramm der Moderne wieder mehr Leben einzuhauchen. Das hat Latour viel Kritik eingebracht, geradeso als vertrete er einen neuen Animismus oder Rückfall in vormoderne Zeiten, als die Menschen sich – aus dem Blickwinkel der Aufklärer in unnötiger Weise – noch vor Geistern oder bestimmten zum Beispiel verwünschten oder mit einem Fluch belasteten Gegenständen fürchteten. Doch darum geht es Latour und der ANT nicht. Sein bzw. ihr Ziel ist es, in eindringlichen Analysen herauszuarbeiten, wie bestimmte Dinge, Gegenstände oder im Alltag gebrauchte Geräte, wie zum Beispiel ein Schlüsselanhänger in einem Hotel oder eben der berühmte Berliner Schlüssel das Zusammenleben der Menschen dirigieren und infolgedessen – aus der Sicht Latours – auch über eigenständige Handlungskraft verfügen.

Bei der ANT ist es wichtig darauf hinzuweisen, dass unter dem Begriff »Netzwerk« nicht die Untersuchung von realen Netzwerken wie Internet, Telephonnetzen oder Schienensystemen verstanden werden darf. Vielmehr sei mit »Netzwerk« eine Methode angezeigt, mit deren Hilfe sich etwas beschreiben lasse. Latour geht es also in seiner Netzwerksoziologie weniger darum zu beschreiben, wie fertige Netzwerke funktionieren, sondern ein Netzwerk sei ... *die Spur, die ein sich bewegendes Transportmittel hinterlässt.* (SG:230) Mit dem Ausdruck Netzwerk soll herausgearbeitet werden, *wie viel Energie, Bewegung und Spezifität unsere eigenen Berichte einfangen können.* (SG:228) Um den Unterschied zwischen bestehenden technischen Netzwerken und Netzwerken im Sinne der ANT stärker herauszustellen würde Latour, wenn eine solche Begrifflichkeit eine Chance auf Erfolg hätte, eigentlich lieber den Begriff des *Werknetzes* oder auch *Aktionsnetzes* benutzen. Denn die Verwendung der letztgenannten Begriffe könnte mehr noch als das Wort *Netzwerk* klarstellen, dass im Rahmen der ANT auch Berichte von Gegenständen angefertigt werden können, die prima facie selbst nicht als Netzwerke zu verstehen sind, wie z. B. *von einer Symphonie, einem Stück Gesetzgebung, einem Gestein vom Mond, einer Radierung.* (SG:228)

Latour zufolge verdankt sich die Akteur-Netzwerk-Theorie je zur Hälfte dem amerikanischen Soziologen Harold Garfinkel und dem Pariser Semiotiker Algirdas Julien Greimas. *Es wäre nicht übertrieben zu sagen, dass die ANT sich halb Garfinkel und halb Greimas verdankt: Sie hat einfach zwei der interessantesten intellektuellen Bewegungen diesseits und jenseits des Atlantik kombiniert...* (SG:96,Anm.18) Garfinkel gilt als Begründer der sogenannten Ethnomethodologie. Letztere ist laut Latour die Entdeckung, *dass die Gesellschaftsmitglieder ein vollständiges Vokabular und eine vollständige Sozialtheorie besitzen, um ihr Verhalten zu verstehen.* (SG:S.86,Anm.10) Im Unterschied zu soziologischen Systemtheorien berücksichtigt die Ethnomethodologie bei der Erklärung von gesellschaftlichen »Tatsachen« ganz wesentlich die Selbstinterpretationen und das Alltagswissen der Akteure mit. Somit wendet sie sich gegen die von Karl Marx, Friedrich Nietzsche und Sigmund Freud begründeten Schulen des Verdachts (Paul Ricoeur) in den Gesellschaftswissenschaften. Alle drei genannten Denker behaupten nämlich, dass die Selbstinterpretationen der Akteure nur Oberflächenphänomene sind und die Menschen in Wirklichkeit von anderen Faktoren (Klassen-, Machtinteressen, sexuellen Trieben) geleitet seien.

Gegen den soziologischen Ansatz die Selbstinterpretationen der Menschen nicht ernst zu nehmen, wendet sich Harold Garfinkel (und mit ihm Latour). Indem die Schulen des Verdachts sich weigerten, das von den Individuen Gesagte und Gedachte ernst zu nehmen, vernebelten sie mehr, als etwas zur Wahrheit beizutragen. Latour behauptet sogar: *In den*

meisten Fällen sind soziale Erklärungen einfach nur ein überflüssiger Zu-
satz, der – anstatt die Kräfte hinter dem Gesagten zu enthüllen – verbirgt,
was gesagt worden ist... (SG:86) Demgegenüber gehe Garfinkel davon aus,
dass die Menschen auf der Grundlage ihres Alltagswissens handeln und
sich durch ihre Interpretationen und Verhaltensweisen wechselseitig beeinflussen. Garfinkel erklärt soziale Tatsachen, wie zum Beispiel Ge-
schworenenurteile in amerikanischen Gerichtsprozessen, durch ihren
Vollzug und nicht von außen. Nur mittels einer solchen Ethnomethodologie könne man den unplanbaren Situationselementen des Gesellschaftlichen gerecht werden. Einerseits bauen die Menschen in vielerlei
Hinsicht auf routinemäßige Abläufe, sie halten sich aber auch immer in
gewisser Weise für Überraschungen offen und interpretieren ihre Ziele
neu. Dies gelte, so Latour, für das Alltagsleben ebenso wie für das Verhalten von Wissenschaftlern bei Forschungsprojekten. Im Prozess des
Forschens müssten viele Entscheidungen ad hoc getroffen werden. Forschungsergebnisse seien keineswegs von vorneherein festgelegt. Zusammengefasst sind Garfinkel und Latour der Ansicht, dass die Forscher
ebenso wie die Akteure im Alltagsleben ständig vor Entscheidungssitu-
ationen gestellt seien, mit ihren Experimenten oder Analysen entweder
den einen Weg oder den anderen zu verfolgen.

In der Forschung zwei unterschiedliche Wege gleichzeitig zu gehen
verbiete oft die Mittelvergabe oder das Zeitbudget eines konkreten For-
schungsprojektes. Oft gehe von den Dingen selbst ein gewisser Hand-
lungsdruck aus. Die Dinge selbst scheinen dann Hinweise zu geben, in
welcher Richtung sinnvoll weiter gedacht werden sollte. Deshalb würden in der Forschung fast immer Wege einschlagen, die sich von den
anfänglichen Zielen stark unterscheiden. Doch die Wissenschaftler
neigten im Allgemeinen dazu, die Abwege und Umwege im Forschungsprozess klein zu reden. Die meisten ihrer Abschlussberichte lesen sich
wie eine einzige gradlinige Erfolgsstory. Verschwiegen werde, wie knapp
ein Projekt vor dem Scheitern stand und dass es nur mit viel Glück zum
Ergebnis kam. Anders als Karl Marx mit seiner These, dass der Mensch
sein Arbeitsprodukt immer schon im Kopf als Vorstellung antizipiere,
betont Garfinkel (wie auch Latour) die vielen Unwegsamkeiten die im
menschlichen Tun und bei der Realisierung von Plänen entstehen. *Der*
Forschende ist häufig nicht in der Lage, die Folgen seiner alternativen
Handlungswege vorwegzunehmen. Ihm bleibt in diesen Fällen wohl nichts
anderes übrig, als vertrauensvoll seine zukünftige Eingebundenheit in die
Handlungen abzuwarten, um in Erfahrung zu bringen, was diese Folgen
sein könnten.[18]

Der Pariser Semiotiker A. J. Greimas, auf den sich Latour als zweiten Vater der ANT bezieht, begründete die moderne Textsemiotik, die sich eng an die strukturalistische Grammatik des Genfer Linguisten Ferdinand de Saussure anlehnt. Die moderne Semiotik begreift ein Zeichen nicht mehr zuerst in seinem Bezug zur Wirklichkeit – als Ersatz für ein Ding, eine Tatsache oder einen möglichen Sachverhalt –, sondern in seinem Bezug zu anderen Zeichen. Zeichen lösten sich – so Greimas – schrittweise von der Realität ab und begännen ein Eigenleben zu führen. Man könne niemals sicher sein, was ein Zeichen wirklich sage. Das Verstehen eines Zeichens gleiche vielmehr einer Detektivarbeit, wie sie der Semiotiker Umberto Eco in seinem Roman *Der Name der Rose* vorführt. Hier fahndet der Mönch William von Baskerville nach der Enträtselung eines Geheimnisses: Abgeknickte Zweige, Spuren im Schnee; alles kann Hinweise liefern. Für Greimas gleicht der Prozess der Interpretation einem Wagnis; das Verstehen der Zeichen der Arbeit des Fernsehkommissars Colombo, der seine Fälle gerade dadurch löst, indem er seinen Blick auf das scheinbar nebensächliche Detail richtet.

Der Verbrecher rechnet zu wenig mit der Widerständigkeit der Dinge. Seine Tat war zwar perfekt geplant, doch dann macht ihm irgendein unerwarteter Umstand, irgendein liegengelassener Zigarettenstummel einen Strich durch die Rechnung. Die Wirklichkeit ist zu komplex, als dass man alle Faktoren und Reaktionen im voraus berechnen könnte. Greimas´ Semiotik wird als *narrative Diskursgrammatik der Pariser Schule* bezeichnet. Seine Hauptthese lautet, *dass die Welt erzählbar ist*, wie ein Roman, wie eine Story. Greimas´ Bedeutung für die ANT ist vor allem darin zu sehen, dass er ihr mit dem Begriff des »Aktanten« ein wichtiges Analysemittel für ihre Laborstudien, aber auch darüber hinaus für alles gesellschaftliche Geschehen an die Hand gab. Mit dem Begriff »Aktant« bezeichnet Greimas alle diejenigen Einheiten, die in einer Erzählung als Handlungsträger auftauchen können und die Position von Helden (Ritter, Detektive), Bösewichtern (Drache, Agenten), Sendern, Empfängern, Opfern, Helfern usw. annehmen. Latour ist der Auffassung, dass man in der Soziologie alles wie eine Erzählung ähnlich wie in Märchen und Phantasiegeschichten analysieren kann. In Märchen kommen den Helden Feen zu Hilfe, im richtigen Leben sei es ein Zufall, ein rettender Hinweis, der einem im entscheidenden Moment helfe. So greift zum Beispiel bei Laborexperimenten plötzlich ein unerwartetes überraschendes Element ein. Ein Aktant ist also eine Einheit, die in einer Erzählung eine tragende Rolle einnimmt: ein Held, ein Bösewicht, eine Fee, ein Zauberer. Auch ein Baukran kann ein Aktant sein, wenn er gerade

James Bond auf der Flucht zur Hilfe kommt. Wer oder was ein Aktant ist, steht nicht von vorneherein fest, sondern wird in einer Erzählung erst bestimmt. Für Latour ist also die Wirklichkeit voller Überraschungen, die wir nur zu sehen verlernt hätten.

Wir sind nie modern gewesen

Ja, die Modernen sind tatsächlich interessante Charaktere und wahrlich der Aufmerksamkeit der vergleichenden Anthropologie wert! (HP:343)

In *Wir sind nie modern gewesen* arbeitet Latour die These aus, dass die gesamte moderne Einteilung in *Natur, Gesellschaft und Diskurs* erst der Effekt einer bestimmten Operationskette ist und nicht etwa einer naturgegebenen Konstante entspricht. Anders gesagt, wenn die Modernen fleißig zwischen den verschiedenen Bereichen unterschieden und sich deshalb anderen Kulturen überlegen fühlten, haben sie Latour zufolge in Wirklichkeit gerade das Gegenteil getan, und die genannten Bereiche durch die Vermehrung von Hybriden ständig miteinander vermischt. Erhard Schüttpelz fasst Latours Hauptgedanken zusammen:

»Die gesamte moderne Einteilung in Natur, Gesellschaft und Diskurs ist ein Effekt von Verkettungen (oder Akteur-Netzwerken) ... es handelt sich um den bisher nicht aufgehobenen Ethnozentrismus der modernen Welt, der sich in der Gegenwart insbesondere durch die Wissenschaftsaufteilung in Natur-, Gesellschafts- und Geisteswissenschaften (oder ›sciences‹, ›social sciences‹ und ›humanities‹) behauptet.«[19]

Latour meint, dass die Behauptung zwischen Natur und Kultur (Gesellschaft) trennen zu können, selbst das Produkt einer historischen Entwicklung ist, wie wir sie nur im Westen erlebt haben. Wenn westliche Aufklärer beanspruchen, dass diese Trennung universell sei, machten sie sich des Ethnozentrismus schuldig. In anderen Kulturen werde auf diesem angeblichen Gegensatz zwischen objektiven Fakten und gesellschaftlichen Wertungen nicht derart herumgeritten. Latour wendet sich gegen westliche »Aufklärer«, die den »Wilden« klarmachen wollen, dass hinter ihren Fetischen und geheiligten Werten eigentlich nichts ist. In diesem Zusammenhang zieht er den Roman *Bharathiura* des indischen Schriftstellers Anantha Muthy heran. In ihm geht es um die Hauptperson *Jagannath,* ein aus England nach Indien zurückgekehrter Brahmane, der den »abergläubischen« Parias klarmachen will, dass ein heiliger Stein in Wirklichkeit keine Macht hat. Als die Parias auf sein mehrfaches Drängen den Stein nur widerwillig berühren und sich darauf hin beschämt entfernen, wird *Jagonnath* schlagartig bewusst, dass er eigentlich nur unmenschlich gehandelt hat. *Als sie den Stein berührten, fragte er sich, haben wir da nicht unsere Menschlichkeit verloren – sie und ich?* (I:45)

Latour fragt, was ein Ikonoklast (Bilderstürmer) mit seinem Hammer eigentlich zerstören will. Einen Fetisch? Der materialistisch eingestellte Aufklärer vertritt die Meinung, dass ein Fetisch, zum Beispiel ein Stein, für sich genommen keinerlei heiligen Kräfte habe und nur die Sehnsüchte und Wünsche derjenigen, die an ihn glaubten, personifiziere. Nach Latour sollten wir jedoch beim Zerstören von Symbolen, Fetischen, Heiligtümern, Tabus vorsichtig sein. Denn wenn wir den Menschen ihren Glauben an Fetische, Dinge, Heiliges nehmen, zerstören wir auch etwas von ihren besten Wünschen und Sehnsüchten, ohne genau zu wissen, durch was wir sie ersetzen können. Wer die Macht eines Fetisch desavouiert, muss sich darüber hinaus im Klaren sein, dass er damit nicht nur einfach einen Glauben zerstört, sondern (wie schon Wittgenstein in bezug auf die Sprachspiele herausfand), eine lange eingeübte Lebenspraxis von Menschen.

Die Aufklärer kritisieren den Kult um einen Fetisch, indem sie auf wissenschaftlich-empirische Fakten hinweisen, die die Macht eines Steines, Tieres, der Natur usw. als bloßen Aberglauben widerlegen. Doch was ist eigentlich ein Faktum? Für Latour sind nicht nur Fetische, sondern auch die wissenschaftlichen Fakten von Menschen geschaffen. Wäre der Aufklärer fair, müsste er auch seinen Glauben an die Fakten hinterfragen, was er jedoch unterlasse. Latour zufolge ergeben sich wissenschaftliche Tatsachen erst aus einer wissenschaftlichen Praxis heraus, müssen also ständig neu legitimiert und verteidigt werden. Gerade in den westlichen Labors werden Wahrheiten »fabriziert«. Einen Kult ohne die entsprechende Praxis gibt es ebenso wenig wie eine Wissenschaft ohne Wissenschafts*praxis.*

Nach der Wissenschaftstheorie von Sir Karl Raimund Popper geht man in der Forschung von Hypothesen aus, die an der Erfahrung geprüft und Schritt für Schritt verbessert werden. Latour will uns jedoch sagen, dass Wissenschaftspraxis anders verläuft. Es sei nicht so, dass auf der einen Seite die Hypothesen und auf der andern Seite die Wirklichkeit stehen, sondern im Forschungsprozess überlagerten sich verschiedene Wirklichkeiten, wenn etwa die Forscher die in einer Zelle sich abspielenden Prozesse in Reagenzgläsern noch einmal ablaufen lassen. In der Forschung sei das Herumprobieren viel wichtiger als man auf den ersten Blick vermuten würde. Erforsche man »wilde Kulturen«, wie sie ihre Kulte pflegen, dürfe man es nicht versäumen, auch unsere Kultur daraufhin zu untersuchen, wie ihre Glaubenssätze nicht rein intellektuell am Reißbrett, sondern kaskadenartig, multibel, konkret und netzartig hergestellt werden. Latour nennt sein ethnologisches Projekt der Analyse der westlichen Wissenschaftspraxis – im Unterschied zur alten Wissenschaftstheorie, die sich auf die Frage nach der Logik der Forschung bezieht – *Wissenschaftsforschung* (science studies).

Im Westen – so lautet die allgemeine Übereinkunft – habe man die exakten Wissenschaften erfunden. Hier sei zwischen Subjekt und Objekt, Geist und Materie, Natur und Gesellschaft, Wissenschaft und Religion, Dingen und Lebewesen, Fakten und Werten sauber getrennt worden, während sich in den primitiven Kulturen die genannten Sphären durchmischten. Latour zufolge gibt es jedoch auch in unserer Kultur weder rein natürliche Dinge noch rein soziale menschliche Beziehungen, sondern stets Mischwesen zwischen Natur, Gesellschaft und Kultur. Umso wichtiger sei es, nicht nur die Kultur der »Primitiven«, sondern auch unsere Kultur unter dem Blickwinkel eines Ethnologen zu betrachten. Damit steht Latour in Frankreich in der guten Tradition von Charles de Montesquieus berühmten *Lettres Persanes* aus dem 18. Jahrhundert, in denen die europäische Lebensart aus der Sicht eines exotischen Beobachters in einer Folge fingierter Briefe geschildert wird.

Latour widerspricht vehement einem weit verbreiteten Selbstverständnis des Westens sich selbst nicht wie eine Kultur unter anderen zu begreifen. Unsere Kultur – so denken immer noch viele – unterscheidet sich nicht *wie die Sioux von den Algonkin oder die Baoule von den Lappländern...* (M:129), sondern sie sei von ihnen *radikal* dadurch getrennt, dass im Westen die Wissenschaften erfunden wurden, während die anderen Kulturen auf einer bestimmten Entwicklungsstufe stehen geblieben seien. Doch unter solchen Prämissen lasse sich – so Latour – kein symmetrisches Verhältnis zu anderen Kulturen aufbauen. Um das Gefälle unter den Kulturen zu beenden, sei es zwingend erforderlich, dass der Westen von seinem hohen Ross heruntersteige. Nicht nur die anderen Kulturen müssten sich bewegen, sondern auch der Westen müsse sein Verhältnis zu den Dingen, zur Welt und Natur auf den Prüfstand stellen, um sich dadurch wieder den anderen Kulturen anzunähern.

Wir haben kaum die Wahl. Wenn wir nicht in ein anderes gemeinsames Haus ziehen, werden wir die anderen Kulturen, die wir nicht mehr beherrschen können, nicht darin unterbringen. Und es wird uns nie gelingen, die Umwelt, die wir nicht mehr meistern können, darin aufzunehmen. Weder die Natur noch die Anderen werden modern werden. An uns ist es, die Art und Weise zu ändern, wie wir verändern. (M:192)

Folgt man Latour, so »verteidigen« die meisten »fortschrittlichen« Intellektuellen die »primitiven« Gesellschaften von einem asymmetrischen Standpunkt aus. Beispielsweise behaupten sie, dass die »Primitiven« mit ihren unzulänglichen Methoden und Instrumenten zu erstaunlich »richtigen« Naturbeobachtungen gelangen könnten und nur die westliche Technik benötigten, um zu den gleichen oder noch besseren Ergebnissen in der Erforschung der Natur zu kommen. Man brauche ihnen also nur ein Mikroskop zu geben und schon kämen sie in ihren Naturbeobachtungen zu den gleichen Ergebnissen wie wir. Doch eine solche Argumentation übersehe, dass die Wissenschaft und Technik in unserer Gesellschaft sich nach und nach in vielen Einzelschritten entwickelt hat und man sie nicht so den anderen Gesellschaften überstülpen kann. Jeder Vergleich zwischen der »primitiven Gesellschaft« und dem Westen, der auf Leistungen in den Wissenschaften abzielt, liege jedenfalls immer noch im Spektrum einer asymmetrischen Anthropologie.

Indem Latour die in einer Gesellschaft vorhandenen Erkenntnisse und Erkenntnisformen historisiert, befindet er sich in der Tradition der von Friedrich Nietzsche entwickelten und von Michel Foucault fortgeführten Genealogie. Nietzsche hatte sich in seiner Schrift *Genealogie der Moral* mit der Genese der Moralbegriffe beschäftigt. Die genealogische Herleitung desubstanzialisiert das Problem der Moral. Dieser Ansatz lässt sich auf die Entstehung fast aller philosophischen Begriffe und Positionen anwenden, was u. a. Michel Foucault leistete. Er übertrug in *Die Ordnung der Dinge* die genealogische Methode auf die Entwicklung der Episteme in den westlichen Gesellschaften. Was uns als selbstverständlich erscheint, sei genauer betrachtet, die Ablagerung früheren Wissens.

Wie Nietzsche und Foucault weist auch Latour auf die konkreten Problem- und Interessenlagen hin, aus denen Erkenntnisse entspringen. Dabei richtete er sein Hauptaugenmerk auf die alltägliche Arbeit des Wissenschaftlers in der Akademie, im Labor oder bei der Feldforschung. Anders als Foucault und Nietzsche glaubt Latour jedoch nicht daran, dass durch die Herleitung der Genese von Dingen, eines Glaubens oder von wissenschaftlichen Fakten diese an Glaubwürdigkeit verlieren. Im Gegenteil: Je mehr wir über die Dinge, Fakten, Theorien wissen, desto mehr können sie uns unter den verschiedenen Aspekten angehen. Es sei nicht so, dass ehemalige Theorien und Gedanken nicht wiederkehren könnten. Vielmehr sei es jederzeit möglich, dass alte Moden, Gedanken, Stile, Ideen reaktiviert würden.

Eine symmetrische Anthropologie im Sinne Latours weist deshalb drei Merkmale auf. 1. Sie stützt sich nicht einseitig auf »objektive, richtige, wissenschaftliche« Tatsachen und erklärt Abweichungen davon als ideologischen oder anderen sozialen Begebenheiten geschuldet. Sie studiert vielmehr die Produktion von wissenschaftlichen Fakten bzw. was als Fakt gilt, unabhängig von der Vorentscheidung ob die Wissenschaft die Wirklichkeit nun wirklich objektiv widerspiegelt oder nicht. Das heißt: Latours symmetrische Anthropologie kommt ohne den Glauben an den Wahrheitsgehalt der Wissenschaften aus. 2. Sie untersucht nicht wie der Briefschreiber in Montesquieus *lettres persanes* nur die Sitten einer Kultur, sondern, wie in ihr menschliche und nicht-menschliche Wesen geformt werden. Wenn zum Beispiel ein Feldforscher eine Studie über die Pariser Metro erstellen wolle, dürfe er sich nicht damit begnügen die Graffiti an den Wänden der U-Bahn zu interpretieren, sondern müsse das gesamte sozio-technische Netz der U-Bahn untersuchen: *Solange die westlichen Ethnologen sich auf die Peripherie beschränken, bleiben sie asymmetrisch.* (M:134) 3. Eine symmetrische Anthropologie müsse sich drittens einer jeden a priori Festlegung über den Unterschied zwischen der westlichen und anderen Kulturen enthalten. Sie betrachtet andere Kulturen als gleichrangig. Im Gegensatz dazu steht im Hintergrund einer *asymmetrischen Anthropologie* der Gedanke ›*Wir Abendländer sind absolut anders als die anderen*‹ ... (M:129).

Latour fasst die Kennzeichen einer symmetrischen Anthropologie folgendermaßen zusammen:

Sie erklärt Wahrheiten und Irrtümer mit denselben Begriffen – das ist das erste Symmetrieprinzip; sie studiert gleichzeitig die Produktion von menschlichen und nicht-menschlichen Wesen – das ist das verallgemeinerte Symmetrieprinzip; und sie nimmt schließlich eine Zwischenposition zwischen traditionellen und neuen Forschungsfeldern ein, weil sie jede vorgängige Festlegung über einen möglichen Unterschied zwischen den Abendländern und den Anderen suspendiert. (M:137)

Eine *symmetrische* Anthropologie wie sie Latour anstrebt, kehrt aus den Tropen zurück (...) *um sich der Anthropologie der modernen Welt anzuschließen* (...). (M:133) Damit reiht sie sich in ein Projekt ein, das sich seit den 80er Jahren des 20. Jahrhunderts abzeichnet. Anthropologen beginnen sich von der Ethnographie fremder Kulturen ab- und den strukturellen Bedingungen der eigenen Gesellschaft zuzuwenden: *(...) Feldforschungen führten nicht mehr nach New Guinea oder Afrika, sondern in die Weltbank, in Physik- und Biologielaboratorien, in Großkonzerne oder Börsen.*[20] Da bei uns das wissenschaftlich-technische Weltbild dominiert, müsse eine Anthropologie der westlichen Welt insbesondere Wissenschaftsforschung sein.

Als den Beginn einer wirklichen vergleichenden Anthropologie, die sich mit den Wissenschaften als für die westliche Welt entscheidendem Kulturprodukt ernsthaft befasst, bezeichnet Latour ein Buch aus dem Jahr 1985 von Steven Shapin und Simon Schaffer mit dem Titel *Leviathan and the Air-Pump. Hobbes, Boyle and the Experenmental life,* in dem zwischen zwei Weisen der Wahrheitsfindung unterschieden wird. Bei der objektiven Erforschung der Natur sollen nämlich in der wissenschaftlich-technischen Kultur des Westens gesellschaftliche Aspekte möglichst keine Rolle spielen, während bei der Formulierung des politischen Willens strikt zwischen instrumenteller = wissenschaftlicher Vernunft und den eigentlich entscheidenden Wertefragen unterschieden wird. Im letzteren Bereich dienten die Wissenschaften lediglich als Hilfe für die Entscheidungsfindung, so die allgemeine Übereinkunft. Es gibt also in den westlichen Gesellschaften zwei Wege der Wahrheitsfindung, eine wissenschaftliche, wie sie der britische Physiker und Chemiker Robert Boyle (1627-1691) und eine politische, wie sie der berühmte Philosoph Thomas Hobbes mit seiner Vertragstheorie begründete.

In dem genannten Buch von Shapin/Schaffer wird außerdem die für die Moderne kennzeichnende Bedeutung des Experiments und des Experten herausgearbeitet. Boyle wollte in seinem Labor mit Hilfe einer Luftpumpe demonstrieren, dass es ein Vakuum gibt. Mittels Experimenten versuchte er seine Hypothese vor Zeugen (Experten) zu beweisen. Latour stellt heraus, dass Boyle nicht nur reiner Wissenschaftler war, sondern mit seiner Methode der Beweisführung auch politisch-ethische Implikationen im Sinn hatte. Boyle habe sich in einer Zeit der Bürgerkriege durch die Wissenschaft eine Versachlichung der Debatten erhofft, die die ideologischen Konflikte entschärfen und zu einer Befriedung der Gesellschaft beitragen sollte. *Von nun an versammeln sich*

die Zeugen für ihre Debatten im geschlossenen Raum um die Luftpumpe,
und die Debatten drehen sich um das mit Sinn begabte Verhalten nicht-
menschlicher Wesen. (M:35) Doch an dieser friedensstiftenden Mission
der über Expertengutachten sich konstituierenden Wissenschaftsge-
meinde habe völlig zurecht der politische Philosoph Thomas Hobbes
seine Zweifel angemeldet. Wie sollte eine Gesellschaft zusammengehalten werden, die sich... *auf dem dürftigen Fundament von matters of fact...*
(M:33) erhebt? Hobbes wollte nicht einleuchten, dass sich empirisch
vorgehende Wissenschaftler eher über Streitpunkte einigen könnten als
sonstige Kontrahenten. Um den Frieden zu sichern schlug Hobbes einen ganz anderen Weg als Boyles Expertentruppe ein. Hobbes konstruiert in seinem kühnen Entwurf des Leviathan eine Vertragstheorie, in
der der Staat die Hauptaufgabe hat dem Bürgerkrieg ein Ende zu be-
reiten und langfristig den Frieden zu sichern. Hobbes setzte also bei der
Konfliktschlichtung nicht auf Expertenwissen. Wenn es um die Führung der Staatsgeschäfte ging, vertraute Hobbes ganz dem Gesellschaftsvertrag, das heißt auf den Mechanismus der Übertragung der
Individualmacht auf den das Gewaltmonopol besitzenden Souverän.
Für Hobbes ist die Macht Erkenntnis, was bedeutet, dass es nur eine ein-
zige Erkenntnis und nur eine einzige Macht geben darf, will man den
Bürgerkriegen ein Ende setzen. (M:29)

Eine Anthropologie der westlichen Gesellschaft, wie sie Latour fordert, müsste nun aufzeigen, dass obwohl sich die ursprünglichen Intentionen Boyles und Hobbes zu ihrer Zeit ähnelten – beide wollten
Frieden und Ruhe in die Gesellschaft und den Streit der Fakultäten
beenden – es in der Folge zu einer Arbeitsteilung in der westlichen Welt
kam. Hobbes Leviathan wurde für die Gesellschaftstheorie in Beschlag
genommen, während sich Boyles Methode der Wahrheitsfindung über
Experiment und Expertenzeugnis in den Wissenschaften durchsetzte.
Eine sorgfältige ethnologische Untersuchung des Westens ergibt: Der
Westen steht dafür, zwischen zwei Bereichen der Wahrheitsfindung zu
unterscheiden. Beide sollten möglichst unabhängig voneinander sein.
Die Politik sollte sich nicht in die Wissenschaft einmischen und die
Wissenschaft nicht zu sehr in die Politik, sondern sich auf ihre Bera-
terposition beschränken. Doch die aktuellen gesellschaftlichen Entwicklungen und Diskussionen drohen gerade diese Trennung immer
mehr zu unterminieren. Dass sich Wissenschaft und Politik heute gegenseitig durchdringen zeigt die Entwicklung des *Nationalen Ethikrates*
in der Bundesrepublik.

Der nationale Ethikrat als Beispiel der Verquickung von Wissenschaft und Politik

Bis heute wird gern die Kluft zwischen den »objektiven« Wissenschaften und der wertegebundenen Politik betont, obwohl man offenkundig die beiden Bereiche nicht mehr so einfach auseinanderhalten kann. Das zeigt u. a. die Gründung des Deutschen Nationalen Ethikrates der Bildungsministerin Schavan. Der neue Ethikrat wird nicht mehr wie der von dem ehemaligen Bundeskanzler Schröder gebildete Nationale Ethikrat vom Regierungschef einberufen, sondern entspricht den Mehrheitsverhältnissen des Parlaments, was auf die wachsende politische Dimension der Wissenschaft hinweist und dass sie – trotz zunehmender Kenntnisse – immer weniger wertfrei ist. Wie man an der Institution des Ethikrates sieht, traut man den Experten offenkundig nicht zu interesselos – nur auf Grund ihrer Wissenschaft – zu argumentieren.

Während es die Vertreter einer asymmetrischen Anthropologie lieben, auf Seltsamkeiten, Ungereimtheiten, Widersprüche im Wissen oder der Kultur der »primitiven« Völker hinzuweisen, legen die Vertreter einer *symmetrischen Anthropologie* ihre Scheuklappen in Bezug auf die westliche Kultur ab. Auch im Westen ist keineswegs klar, wie die Natur durch das Experiment und den Konsens der Wissenschaftler objektiv zur Sprache kommen soll. Die Natur als solche spricht nicht. Höchstens einzelne Mikroben, Laborgeräte, Untersuchungsgegenstände können uns etwas übermitteln, niemals die Natur selbst. Für Boyle – im Hinblick auf die Natur –, aber auch für Hobbes – im Hinblick auf das Volk – gibt es ein Übersetzungsproblem. Das Übersetzungsproblem stellt sich für Hobbes sogar noch viel dringlicher dar. Denn es wird nicht klar, wie sich der über den Gesellschaftsvertrag legitimierte Wille des Souveräns wieder an das Volk zurückbinden lässt. An diesem Problem der Rückkoppelung beißen sich die Politiker und Politologen bis heute die Zähne aus. Etwa wenn nach einer Wahl der »Wählerwille« in Anspruch genommen wird, um Wahlversprechen bzw. Wahlaussagen zu brechen. Wen repräsentieren die Parlamentarier: das Volk, ihr Gewissen, ihre Partei? Zusammengefasst ergibt das für Latour, dass die großen Errungenschaften westlicher Politik (demokratische Legitimation) und westlicher Wissenschaft (Objektivität) in Bezug auf ihre wesentlichen Grundlagen auf wackeligen Füßen stehen.

Über diese beiden wunden Punkte der eigenen Kultur sehen die asymmetrischen Anthropologen gern hinweg, wenn sie ferne Länder erforschen und dabei betonen, wie deren Kultur den Blick auf die objektiven Verhältnisse in der Natur trübt oder durch Fakten »beweisen«, wie aufgrund ihres Animismus die Natur einen viel zu großen Einfluss auf das soziale Zusammenleben der »Wilden« ausübe.

Wie erwähnt, muss auch der Westen auf die anderen Kulturen, in denen die Gegenstände nicht so lieblos wie bei uns behandelt werden, einen Schritt zugehen. Insbesondere die Ansicht, dass auch nicht-menschliche Wesen handeln können, käme ja einer Annäherung gleich. Doch kann nicht-menschlichen Wesen oder Dingen ernsthaft Handlungskraft zugeschrieben werden? An dieser Frage haben sich naturgemäß die heftigsten Kontroversen um Latour und die ANT entzündet. Gegen Latour spricht, dass nur Menschen über Intentionalität verfügen. Dinge – welcher Art auch immer – können zwar eine große Wirkung zeigen, sie handeln aber nicht mit Absicht, wie dies Menschen tun. Um solche Einwände zu entkräften, verweist Latour auf seinen recht weit gefassten Handlungsbegriff. Für Latour bedeutet »handeln« nichts anderes, als dass etwas (...) *durch eine Folge von elementaren Transformationen (...) andere Akteure modifiziert*. (PD:108) In einer vernetzten, technisierten und globalisierten Welt sei zu überprüfen, welche Rolle die Intentionalität des Menschen überhaupt noch spiele. Oft scheiterten unsere Intentionen an der Widerspenstigkeit der Welt bzw. würden abgelenkt und es bildeten sich neue Konstellationen und Kräfteverhältnisse. Für Latour – wie übrigens für Nietzsche – ist die Analyse dieser Kräfteverhältnisse interessanter als die behaupteten Intentionen der Subjekte.

Überall bildeten sich die Dinge, wie sie sind, aus einem Mehr an Einfluss, Engagement, Kraft heraus. Wie bei Nietzsche wirken auch für Latour Menschen und nicht-menschliche Akteure ständig aufeinander ein. Sie stellen gegenseitig eine Herausforderung dar. Und wie auch schon der bekannte Sprachkritiker Fritz Mauthner formulierte, stellen uns die Tiere, Dinge, Texte usw. sogar Fragen. So kann es in einer Gemeinde darum gehen, ob man die einst errichteten Wehrdämme an einem Flusslauf abreißt, um den Fischen bessere Bewegungsfreiheit zu verschaffen oder lieber die alten heute nicht mehr funktionalen Kulturgüter erhalten will. Hier treten Tiere – so kann man es mit Latour sehen – gegen Objekte an, einen Kampf, den sie nebenbei gesagt, wegen der Intervention des Gemeinderats verloren haben. Wie die amerikanische Naturwissenschaftshistorikerin Donna Haraway – Latour widmete ihr und den Zoologen Shirley Strum sowie Steve Glickman sein Werk *Die Hoffnung der Pandora* – betont, ist diese neue Sicht Gegenständen und Dingen Handlungskraft zuzugestehen zwar ungewohnt, aber dennoch notwendig, um die uns stets überraschende Wirklichkeit besser beschreiben zu können. Gegenüber der amerikanischen Philosophin Judith Butler, die in ihrer Philosophie die Rolle der Sprache betont, fühlt sich Haraway (wie Latour) dem Denken in Prozessen von Alfred North Whitehead mehr als der angloamerikanischen Tradition der Sprachphilosophie verpflichtet, wie Haraway in einem ihrer Interviews ausführt.

Zitat

Da ich mich mit der Frage nach menschlichen und nichtmenschlichen AkteurInnen und AktantInnen beschäftige, (...) suche (ich) nach anderen Möglichkeiten das Unerwartete zu benennen und auf es hinzuweisen. ... Die Zelle wartet nicht einfach auf ihre angemessene Beschreibung. Sie ist extrem kontingent und auf besondere Weise eingelassen in die spezifischen Beziehungen zwischen Instrumenten, sozialen, materiellen und literarischen Technologien. Und das ist sehr real.[21]

Laut Haraway hält die herkömmliche Unterscheidung zwischen Natur und Kultur, Menschen und Dingen der wirklichen Entwicklung nicht mehr Stand. Heute verschmelzen sich die Dinge (Technik) immer mehr mit den Menschen (Stichwort: Cyborgs = Mischwesen). Nicht nur die Unterscheidung zwischen Mensch, Maschine und Tier hält sie für ungewiss, auch diejenige zwischen den Geschlechtern. Diese Vermischungen seien nicht zu beklagen, vielmehr solle man sich daran machen, das *Durcheinander aller Grenzen zu genießen.*[22]

Für Latour und Haraway stellt sich die Erkenntnis ebenso wie das Leben als komplexer Prozess *zwischen unerwarteten AkteurInnen und AktantInnen in (...) merkwürdigen Unterwelten (...)*[23] dar. Demgegenüber haben Anhänger des Realismus in der Erkenntnistheorie die Vorstellung, dass es die Welt vor jeder Interaktion gibt. Sie liege sozusagen da und warte nur darauf entdeckt zu werden wie ein ferner Kontinent, ein bestimmter Stern im Planeten- oder eben eine Zelle im Nervensystem. Aufgabe der Erkenntnis sei es, den Schleier zu lüften und die wahre Natur zu enthüllen. Doch wird ein Wissenschaftler herauskriegen, wie sich eine bestimmte Pflanze unter bestimmten Bedingungen verhält? Die Frage ist nicht einfach zu beantworten. Vielleicht wird das Experiment zu teuer, vielleicht verliert der Botaniker das Interesse daran, weil sich gesellschaftliche Bedürfnisse verändert haben. Vielleicht hat ein anderer Diskurs die Frage überschattet. Oder er konnte das Verhalten der Pflanze wirklich zum Sprechen bringen und seine Forschungsergebnisse beeinflussen wieder andere Wissenschaftler. Eines ist Latour zufolge jedoch klar, etwas wird nicht einfach nur so »entdeckt«, sondern zwischen Subjekt und Objekt in der Erkenntnistheorie besteht ein viel komplexerer, lebendigerer und vermittelterer Zusammenhang.

Die Hoffnung der Pandora

Wie fassen wir die Welt in Worte? Diesem Problem widmet sich Latour in dem Essayband »*Die Hoffnung der Pandora*«, in welchem er eine alternative Epistemologie, die mit der Wissenschaftslogik der klassischen Wissenschaftstheorie bricht, entwickelt. Latour konzipiert Wissen als »lebendigen« und »pulsierenden« Organismus. Nicht nur die intellektuellen und kommunikativen Fähigkeiten der Wissenschaftler, sondern ein ganzes Netzwerk von Akteuren und Aktanten seien die Urheber neuer Erkenntnisse. Latour hatte schon in seiner ethnographischen Studie über die Labortätigkeit des Neuroendokrinologen Roger Guillemin in San Diego gezeigt, dass zur Wissenschaftspraxis nicht nur die eigentliche Laborarbeit zählt, sondern auch die Veröffentlichungen und Gespräche, in denen andere von der Richtigkeit eines neuen Ansatzes überzeugt werden müssen. Eine neue Soziologie müsse in der Lage sein, die vielfältige Transformationspraxis der Erkenntnisarbeit in einem »Kollektiv« von Gegenständen, Instrumenten, Praktiken, Institutionen, Interessen usw. zu beschreiben. Um den Prozess dieser Gestaltwerdung von Wissen zu dokumentieren, begleitete er ein weiteres wissenschaftliches Projekt: eine bodenkundliche Exedition im Amazonasgebiet, deren einzelne Schritte relativ leicht zu verstehen sind, jedenfalls nicht allzu viel Vorwissen erfordern.

Wie ein Ethnologe einen fremden Stamm, so rekonstruierte Latour in seiner Eigenschaft als »französischer Anthropologe« die vielen Arbeitsschritte, die nötig sind, bis Bodenproben aus dem brasilianischen Regenwald in einer abschließenden wissenschaftlichen Publikation als wissenschaftliche Tatsachen auftreten können. Während die Naturforscher analysieren, ob der Urwald die Savanne oder umkehrt zurückdrängt, war Latour daran interessiert, die... *Referenz in den Wissenschaften empirisch zu erforschen.* (HP:38) Dazu teilte er den Alltag der ForscherInnen im Urwald, im Basiscamp, im Flugzeug und in der Pariser Akademie. Bei seiner »Expedition« wurde klar, dass wissenschaftliches Wissen permanent aus der einen Form in die andere übergeht, es übersetzt sich unaufhörlich in einem sich ständig erweiternden Netzwerk und Kreislauf unterschiedlicher Operationen, Folgen, Schritten, Knoten und dergleichen, ohne sich selbst aber in dieser Bewegung zu verlieren und erhält so die Eigenschaften eines automatischen Subjekts. Am Beispiel seiner Feldforschungen rekonstruiert Latour in *Die Hoffnung der Pandora* schließlich die vielen Arbeitsschritte der Wissenschaftler: *Um die Realität der Wissenschaftsforschung zu verstehen, gibt es nur einen Weg: sie bei dem begleiten, was sie am besten kann, und das ist die aufmerksame Beschäftigung mit den Details wissenschaftlicher Praxis.* (HP:36) Schritt für Schritt verfolgt er das Entstehen wissenschaftlicher Fakten. Der Forscher müsse eine möglichst neutrale Haltung einnehmen und sich einer Vorab-Interpretation der Ereignisse ebenso enthalten wie der Übernahme der Perspektive des oder eines Handelnden, um die Routinen der Wissenschaftler möglichst wirklichkeitsgetreu zu beschreiben.

Die von Latour begleitete Expedition fand im Amazonasstaat Roraima, am Übergang vom Regenwald zur Savanne statt. Die Expeditionsteilnehmer kamen aus verschiedenen Disziplinen: eine Botanikerin, eine Geomorphologin, zwei Pedologen (beschäftigen sich mit der Beschaffenheit des Bodens), ein Techniker und schließlich Bruno Latour, der anhand der Dokumentation der Expedition sein Modell zur Entstehung von Wissen entwickeln und weiter erläutern wollte. Dringt die Savanne in den Urwald vor oder verhält es sich umgekehrt? Für die Wissenschaftler waren die Anfangsdaten der Expedition nur schwer zu deuten. *Man kann den gleichen Baum entweder als Pionier oder als Relikt ansehen.* (HP:39) Die Gruppe der vier Wissenschaftler ist sich nicht einig. Dabei ist die Beantwortung der Frage, ob die Savanne vordringt oder vom Urwald besiegt wird, für die Investitionsentscheidungen von großen Finanzgruppen wichtig. Die Forscher studierten zunächst Karten, eine auf den ersten Blick banal erscheinende Feststellung, deren wirkliche Relevanz einem leicht zu entgehen droht. Doch Latour betont: *Man nehme die Karten weg, bringe die kartographischen Konventionen durcheinander, lösche die Zehntausende von Stunden aus, die in den Atlas von Radambrasil investiert wurden (…) und unsere vier Forscher wären in der Landschaft verloren.* (HP:41)

Er will damit sagen, dass Wissenschaft wesentlich auf der Anfertigung von Karten, Zettelkästen, Markierungen usw. beruht. Immer benötige der Wissenschaftler »Inskriptionen«, um ein Problem zu überblicken. Die Wissenschaftler blickten und zeigten mit dem Finger auf eine Karte, um zu mehr Wissen zu kommen; eine Geste, die den Feldforscher in Sachen Wissenschaft, Bruno Latour, interessiert: *Wie kommt man vom Nichtwissen zum Wissen, von der Schwäche zur Stärke, von der Unterlegenheit zur Beherrschung der Welt durch den Blick?* (HP:42) Als die Gruppe nach einer Stunde Anfahrt am Urwaldrand ankommt, bemerkt Latour sofort, dass einige Pflanzen schon längst von Botanikern vormarkiert worden sind. Wissenschaft setzt nie voraussetzungslos an, baut immer schon auf vorherigen Forschungen auf. *Hinter jeder Wissenschaft verbirgt sich also eine andere Wissenschaft. Würde ich die Etiketten entfernen oder vertauschen, so verlöre Edileusa (die Botanikerin R.R.) den Kopf wie jene Riesenameisen, deren Kreise ich störe, indem ich mit dem Finger ihre chemischen Autobahnen verwische.* (HP:45)

Ausgehend von diesen Beobachtungen stellt Latour vertiefende Gedanken zum philosophischen Problem der Referenz an. Auf was beziehen sich die Fingerzeige auf der Landkarte, die Etiketten an den Pflanzen? Etwas, das außerhalb des Diskurses steht, oder – und das ist Latours Antwort auf die Frage der Referenz – etwas, das durch den Diskurs erst hereingeholt wird, wie es ja auch der Übersetzung des lateinischen Wortes *referre = herbeischaffen* entspricht. Einen direkten Zugang zum Urwald gebe es nicht. Nur über die Sammlung von Markierungen, Kennzeichnungen, Karten lasse sich etwas über ihn in Erfahrung bringen. Zu untersuchende Parzellen werden abgesteckt und in Koordinaten unterteilt, Bodenproben entnommen und markiert und in den Pedokomparator einsortiert, graphische Diagramme und Arbeitsberichte erstellt. Jeder Arbeitsschritt baut Latour zufolge auf dem vorhergehenden auf. Der Boden werde immer weiter von seinem natürlichen Kontext entfernt, abstrahiert, um schließlich in einem wissenschaftlichen Bericht beschrieben zu werden. Jede Erkenntnis ist wie in einer Kette schrittweise aufgebaut, wobei sich jeder Schritt auf den vorhergehenden bezieht und eine weitere Abstraktion darstellt. Im Idealfall entfernen sich die Abstraktionen nicht willkürlich vom Gegenstand, sondern machen das wissenschaftliche Problem besser verständlich und beschreibbar. *Ein Text spricht von Pflanzen, Pflanzen dienen einem Text als Fußnoten. Ein Text ruht auf einem Blumenbeet (...). Was wird mit diesen Pflanzen geschehen? Sie werden weiter transportiert und schließlich in einer Sammlung, einer Bibliothek oder einem Museum untergebracht.* (HP:47)

> ### Hinweis
>
> **Der Kerngedanke in der »Hoffnung der Pandora« ist, dass die Produktivität dieses Transportes von Wissen, der Wissenschaftsorganismus, wie Latour sagt, in der europäischen Geschichte nie unterbrochen wurde und auch nicht unterbrochen werden soll. Wissen baut sich kaskadenartig auf vorhandenem Wissen auf, nicht im Sinne der besseren Abbildung der Wirklichkeit, sondern im Sinne einer immer weitreichenderen Verflechtung, Verwucherung, Vernetzung, Übertragung zwischen den Dingen. Unter Referenz versteht Latour folglich...** *die Qualität der Kette der Transformationen, die Lebensfähigkeit ihrer Zirkulation.* **(HP:379f)**

Mit dem Bild der Pandora will Latour auf die Gefahr und die Hoffnung aufmerksam machen, die im Umgang mit dem Wissen und mit den Dingen liegt. Der griechische Mythos der Pandora (griech. die mit allen Gaben) handelt davon, dass die Erdgöttin Pandora von Zeus zu deren Unheil zu den Menschen geschickt wurde. Zeus hatte ihr ein Gefäß – die Büchse der Pandora – mitgegeben, worin vor allem zahlreiche Übel enthalten waren. Als Pandora die Büchse öffnete, flogen die Übel heraus und verbreiteten sich über der ganzen Erde. Nur die Hoffnung blieb zurück. Für Latour liegt eine Gefahr des westlichen rationalistischen Denkens darin, das es die Vielfalt der Welt und der Dinge durch erkenntnistheoretische Programme zu unterdrücken versucht. Eine entsprechende Tendenz der abendländischen Philosophie glaubt Latour bis zu ihren Anfängen bei den Griechen zurück verfolgen zu können. Zwar sei hervorzuheben, dass die Griechen die Demokratie und die wissenschaftliche Demonstration erfunden haben. Doch ihre Denker, Sokrates ebenso wie die Sophisten (wie sie in Platons Dialogen dargestellt würden) hätten es nicht geschafft, die Demokratie und die Wissenschaften miteinander in Einklang zu bringen.

Traditionell wird der Unterschied zwischen den Sophisten und Sokrates in der Wahrheitsfrage – die Sophisten seien Relativisten gewesen, während Sokrates an die Wahrheit glaubte – hervorgehoben. Doch Latour weist darauf hin, dass sich Sokrates und der Sophist Kallikles in der Verachtung der Athener Demokratie und in ihrer elitären Meinung, dass ein einziger Mensch für den Staat wichtiger sein könnte als zehntausend andere, einig gewesen seien. Nur in der Methode, wie sich zehntausend Athener besser von wenigen beherrschen ließen, seien sie unterschiedlicher Auffassung gewesen. Im Grunde genommen sei der Wettstreit zwischen Sokrates und den Sophisten allein darum gegangen, *(...) wie sich dem Volk das Maul schneller und fester stopfen lässt.* (HP:280) Latour kritisiert an Sokrates, dass er in seiner Absicht die Massen klein zu halten ganz auf die Wissenschaft und die Vernunft gesetzt hätte, während Kallikles das gleiche Ziel mittels eines aristokratischen Auftretens und der wohlgesetzten Rede erreichen wollte: *Wie lässt sich (...) der großen Zahl das Maul stopfen, wie Schluss machen mit der unordentlichen Demokratie? Durch die Berufung auf Vernunft, Geometrie, Maß? Oder durch aristokratische Tugend und Erziehung? Sokrates und Kallikles stehen allein gegen die Menge, und jeder von beiden will den Mob beherrschen ...*(HP:287) Aus der Sicht Latours stellten für Sokrates die Gesetze der Geometrie gleichsam ein Bollwerk gegen die ständig wechselnden Meinungen der auf der Agora versammelten Bürger Athens dar. Die Geometrie habe Sokrates als objektiv und ewig aufgefasst, unabhängig davon, ob sie die einzelnen Menschen begriffen. Genau gegen diese platonische Weltsicht wendet sich Latour. Eine Wahrheit unabhängig von den Forschungen und Interessen der Menschen gibt es für ihn nicht.

Unermüdlich entlarvt Latour Argumentationsweisen, in der »objektive« Faktoren wie die Naturgesetze oder die Geometrie angeführt werden, um den Streit unter den Menschen zu schlichten. Man könne und dürfe nicht Argumente aus einem nicht-menschlichen Bereich (Geometrie, Naturgesetze) anführen, um unter Menschen Einheit zu stiften. Wie Sokrates, nur auf andere Art, verweise auch Kallikles auf die Gesetze der Natur, um seine Position zu stärken. Aus Kallikles Sicht setzte sich nämlich in der Natur immer der Stärkere durch und wie in der Natur gehe es auch in der Gesellschaft darum, sich durch tüchtige Reden hervorzutun. Ohne Anstrengung könne man niemanden überzeugen. Sokrates warf er vor, feige zu sein, weil er sich aus fadenscheinigen Gründen dem rhetorischen Wettstreit auf der Agora verweigert habe. Nur Knaben – so Kallikles – zögen sich in entlegene Winkel zurück, um sich gegenseitig Recht zu geben und auf die Schulter zu klopfen. Wer jedoch ein richtiger Mann sei, der halte »tüchtige« Reden um die Leute auf seine Seite zu ziehen.

Latour kritisiert an Kallikles, dass er wie später Nietzsche der Meinung gewesen sei, dass man den ungebildeten Mob nur durch Macht und Stärke – und nicht etwa durch Appelle an die Vernunft – in Schach halten könne. Doch deswegen müsse man in der Philosophie keineswegs gleich Partei für Sokrates ergreifen. Sokrates Argumentationsmethode der Dialektik und der Maieutik sei zwar für wissenschaftliche Seminare geeignet, tauge aber nicht für die hektische Situation bei Großversammlungen. Davon abgesehen verbürge die wissenschaftliche Methode der Wahrheitsfindung keineswegs, dass in der Politik die besseren oder humaneren Entscheidungen getroffen werden. *Episteme – wie viele Verbrechen sind in deinem Namen begangen worden!* (HP:282)

> ### Hinweis
>
> **In den Diskussionen zwischen Kallikles und Sokrates sieht Latour eine Problemstellung aufleuchten, die bis heute gültig ist. Es sei um die Frage des rechten Verhältnissen zwischen Demokratie und Wissenschaft gegangen. Sokrates und Kallikles hätten dieses Verhältnis nur als Spannung deuten können, während es Latour darum geht, das Verhältnis zwischen Wissenschaft und Politik neu zu bestimmen.**

Sokrates und Platon wirft Latour vor, einen Kategorienfehler ganz besonderer Art begangen zu haben, weil sie das mathematisch-geometrische Wissen als Maßstab für die Politik begriffen haben. Sokrates habe alles getan, um die größte Erfindung der Athener – die Demokratie – schlecht zu reden. Die Athener, so Latour, hätten es verstanden, ihre politischen Entscheidungen in Prozessen der Aushandlung öffentlich auf der Agora zu fällen. Sie seien keinesfalls auf die abwegige Idee gekommen, dass es Menschen – die Experten – geben müsse, die in den schwierigen Fragen des politischen Handelns alleine den rechten Weg wüssten. Unter den Bedingungen der Demokratie sei es ihnen vielmehr darauf angekommen, dass sich das Volk gemeinsam zu guten Entscheidungen durchringt, die dann möglichst von allen getragen werden. Latour vergleicht den Entscheidungsprozess in den vielen öffentlichen Versammlungen unter den Sonne Athens mit der Gärung einer Hefe, jedenfalls gebe es bei politischen Fragen im Unterschied zu mathematischen keine *absolut* richtigen oder falschen ewig gültigen Antworten.

Im Gegensatz dazu habe Sokrates suggerieren wollen, dass man in der Ethik und der Politik zu einem ähnlich sicheren Wissen wie in der Mathematik kommen könne. Aus der Sicht Latours diskutierte Sokrates mit dem Volk, um ihm einzureden, dass es nicht von der Wahrheit der ewig gültigen Ideen erfüllt, sondern von vielen Vorurteilen und falschen Meinungen beherrscht sei. Damit habe er aber – wie schon Nietzsche herausstellte – die bunte Realität zugunsten des grauen Schattenreiches der Ideenwelt entwirklicht. Sokrates, so Latour, habe den einfachen Leuten einreden wollen, dass sie nur an Trugbilder und Vorurteile glaubten. Er selbst habe jedoch auch nur im Namen äußerst dubioser Kräfte und Mächte wie zum Beispiel seinem Daimon gesprochen. Dazu passe, dass er damit geprahlt habe, es würde ihm genügen, zwei oder drei Leute aus seiner Umgebung zu überzeugen und behauptete keinerlei Genugtuung dabei zu empfinden, bei der großen Menge Beifall zu finden. Nach Latour hatte er aber dadurch nur den politischen Prozess der Meinungsbildung verunglimpft. *Kein Wunder, dass er ›Zitterrochen‹ genannt wurde. Mit seinem elektrischen Stachel lähmt er Leben und Wesen des Politischen.* (HP:300) Bis heute wirke sich Sokrates Politikfeindlichkeit negativ aus, wie man zum Beispiel an der in akademischen Kreisen üblichen Politikerschelte sehen könne. Sokrates, der in die Athener Demokratie keinerlei Vertrauen investieren wollte, sah im einfachen Volk nur Anpasser und Idioten. Er selbst habe sich darin gefallen, von einer zukünftigen Gerechtigkeit im Hades zu träumen. Demgegenüber hätten – so Latour – die von Sokrates bekämpften Sophisten im Hier und Jetzt gelebt und das Wesen der Politik weit besser begriffen.

Das Wesen der Politik besteht nach Latour erstens darin, dass die politische Rede öffentlich und nicht wie tendenziell bei Sokrates und später bei Epikur auf den Dialog unter Freunden angelegt ist. Zweitens könne der Gegenstand des politischen Wissens keinesfalls Gegenstand eines Expertenwissens sein. Politik bestehe gerade <u>nicht</u> darin, (...) *dass Fachleute dem Volk sagen, was zu tun ist.* (HP:294) Nicht das Wissen als solches ist für den Politiker wichtig, sondern eine spezifische Aufmerksamkeit für den politischen Körper; dafür, was die Leute bewegt, befasst und betrifft. Das habe nichts mit Philosophenwissen zu tun, auf das Sokrates die Politik immer wieder infolge seines schon erwähnten Kategorienfehlers verpflichten wollte. Zusammengefasst vertritt Latour eher die Position der Sophisten; nicht wie sie von Platon entstellt wurde, sondern wie sie historisch wirklich verbürgt ist: Die meist aus dem Bürgertum stammenden Sophisten vertraten nämlich die Auffassung, dass es in einer Demokratie nur einen Weg geben könne, die eigene Meinung durchzusetzen: die anderen mit Argumenten und rhetorischer Geschicklichkeit gewaltlos zu überzeugen. In politischen Entscheidungen geht es Latour zufolge nicht darum, möglichst genau einer Theorie oder Idee zu entsprechen – es gibt in der Politik kein definitives Wissen –, sondern ihr Zustandekommen gleiche (...) *mehr einer Gärung (...) in der das Volk eine Entscheidung ausbrütet – weder ganz in Übereinstimmung mit sich, noch von oben geführt, geleitet oder befehligt.* (HP:303)

Latours Begriff von Wissenschaft unterscheidet sich deshalb strikt vom platonischen Wissensideal, wonach die Wissenschaft ein System der Verbreitung von glasklaren und unbezweifelbaren Tatsachen sei. Wie in Alltagsgesprächen fänden auch bei der Übertragung von wissenschaftlichen Sätzen *Verschiebungen, Transformationen* und *Deformationen* statt. Es sei ganz so wie mit Derridas *Iterationen*, das heißt, dass sich alleine schon durch die Wiederholung einer Aussage zwangsläufig eine, wenn auch winzige Veränderung ihres Aussagewertes ergibt. Begreife man so die Wissenschaften, könne sie keinen Ausschließlichkeitsanspruch auf die Wahrheit erheben. Latour schrieb Teile seines Werkes *Die Hoffnung der Pandora,* als sich in den Medien die Meldungen über den Rinderwahn überschlugen. Damals gab es wissenschaftliche Prognosen, wonach ein erheblicher Teil der Bevölkerung in 10 bis 20 Jahren infolge des Verzehrs von infiziertem Fleisch fast unweigerlich an Gehirnerweichung erkranken würde, was nicht eintrat. Die Wissenschaft ist nach Latour nur eine – wenn auch eine besonders wichtige – Stimme unter vielen in der Öffentlichkeit. Dabei geht es Latour keineswegs darum, die Wissenschaften abzuwerten. Er möchte sie lediglich von der Bürde befreien, im politischen Prozess die alleinige dominierende Rolle zu spielen. Auch die Wissenschaftler seien in einen historischen Prozess eingebunden. Ihre Expertisen könnten nur Ratschläge unter vielen anderen sein. Letztlich kommt es Latour zufolge immer auf die Politik an, welchen Weg eine Kultur einschlägt. Deshalb sollten die Politiker nicht mehr von den Wissenschaftlern schlecht geredet werden. Denn letztlich muss immer die Politik und nicht der Experte entscheiden, welche gesamtgesellschaftlich wichtigen Richtungsentscheidungen zu treffen sind.

Es gibt nach Latour in der Politik eben keinen mit der Geometrie oder Mathematik vergleichbar klaren Maßstab. Als am 9. 11. 1989 in Berlin die Mauer fiel, hatte dies keiner der Politologen oder Kreml-Experten vorhergesehen, während sich die Ost-Berliner Bürger um deren Prognosen zu Recht nicht groß kümmerten. Sie nutzten stattdessen die Gunst der Stunde um ihre politischen Schlüsse zu ziehen. Latour wendet sich in der *Hoffnung der Pandora* jedoch nicht nur gegen den Gedanken eines objektiven wissenschaftlichen Wissens, sondern auch gegen den von Nietzsche und Foucault vertretenen Gedanken, dass alles Wissen Macht-Wissen sei, weil diese globale Annahme nicht dazu tauge, um die heutigen Probleme einer politischen Vermittlung des Wissens angemessen zu beschreiben. Die Behauptung, dass es in Politik und Gesellschaft nur um Macht geht, ist für Latour – um eine Metapher Hegels zu zitieren – wie die Nacht, in der alle Kühe grau sind. Das heißt, unter ihrer Prämisse kann man zu wenig die konkrete Genese von Entscheidungsprozessen differenzieren.

Latour geht es deshalb um eine Sicht jenseits von Hegel und Foucault, also von Vernunft und Macht. Für Hegel ist der Verlauf der Geschichte in letzter Instanz vernünftig; für Foucault sind alle »vernünftigen« Entscheidungen Machtinteressen geschuldet. Dieser Gegensatz – so Latour – sei heute unfruchtbar geworden. Aktuell gehe es nicht mehr um Macht versus Vernunft, sondern darum, in der Öffentlichkeit (auf dem Markplatz) Einigungen aller Beteiligter über die Zukunft unserer Kultur zu erzielen. Latour fragt: Unter welcher Kosmologie, das heißt unter welcher schönen Ordnung, wollen wir leben? Um einen neuen Umgang mit den Dingen zu begründen, begibt er sich in das Herz der Konstruktion von Fakten in der westlichen Welt: in das Labor. Im modernen Labor werden Natur und Gesellschaft erst hergestellt. In seinen möglichst realistischen Berichten über die wissenschaftliche Praxis stellt er insbesondere den Prozesscharakter der Konstruktion wissenschaftlicher Fakten heraus.

Die Hoffnung der Pandora beinhaltet eine Fallstudie zu dem berühmten französischen Chemiker und Biologen Louis Pasteur (1822-1895), in der

Latour zeigen will, wie sich die wissenschaftliche Wahrheit netzwerkartig bildet. Pasteur hatte die Mitwirkung von Mikroben bei der Gärung entdeckt und schuf damit die Grundlagen praktischer Sterilisationsmaßnahmen durch die nach ihm benannte *Pasteurisierung*. Es handelt sich dabei um ein Erhitzungsverfahren mit Temperaturen unter 100 Grad zur Haltbarmachung von Lebensmitteln, wodurch die vermehrungsfähigen Formen von Mikroorganismen zu 90 bis 99 % abgetötet werden. Die Pasteurisierung wird zum Beispiel bei Milch, Fruchtsäften, Limonaden und Bier angewendet. Pasteur fand heraus, dass die Milchsäure bzw. Milchsäurehefe aus lebenden Organismen (Mikroben) und nicht aus toter Chemie besteht. In der traditionellen Wissenschaftstheorie stellt man sich Pasteurs Arbeit so vor, dass es Mikroben gibt und immer schon gab, die auf eine bestimmte Art und Weise zu bekämpfen sind, wofür der Wissenschaftler Pasteur einen Schlüssel fand. Aus der Sicht Latours ist der Erfolg Pasteurs jedoch das Resultat des Knüpfens von Netzwerken zwischen Mikroben, Laborgeräten, geimpften Tieren, Hygienetechniken, Verwaltungsbeamten usw. In Pasteurs Labor wurden Netzwerke von Beziehungen zwischen Mikroben, Forschern, eine bestimmte Gesellschaft und letztlich sogar ein anderes Frankreich produziert. Vor diesem Hintergrund läst sich Latours mittlerweile berühmter Satz: *Gebt mir ein Laboratorium und ich werde die Welt aus den Angeln heben*[24], verstehen.

Latour erläutert in seiner Arbeit über Pasteur, wie auch nichtmenschliche Wesen zum Akteur werden können. Am Ende eines Forschungsprozesses habe nicht nur der Wissenschaftler sein Bild über die Realität verändert, sondern umgekehrt habe auch der Untersuchungsgegenstand den Wissenschaftler transformiert. *Am Ende können sich ein (teilweise) neuer Pasteur, eine (teilweise) neue Hefe und eine (teilweise) neue Akademie gegenseitig zum Erfolg gratulieren.* (HP:153) Pasteurs Forschungsergebnisse bedeuteten zu ihrer Zeit eine überraschende Sichtweise; so überraschend und einschneidend, dass sich für Latour die Frage stellt, ob es vor Pasteur überhaupt Mikroben gegeben habe. Seine Antwort dazu lautet: Ja und Nein. Denn Latour zufolge sei es nicht so, dass es in der Welt da draußen Dinge gibt, die nur darauf warteten, von Forschern entdeckt zu werden. Das sei eine zu einfache und zudem falsche Sicht des Verhältnisses zwischen Natur und Gesellschaft. Von den Dingen gehe vielmehr selbst ein Aktions- bzw. Artikulationspotential aus. Wissenschaftliche Arbeit beschreibe nicht einfach nur Sachverhalte, sondern fordere die Dinge zu einem bestimmten Verhalten heraus.

Um die Beziehung zwischen Menschen und nichtmenschlichen Wesen zu bestimmen, benutzt Latour den von Alfred North Whitehead übernommenen Begriff der Proposition, der in der Sprachphilosophie eine Aussage, die wahr oder falsch sein kann, bezeichnet. Eine Proposition im Whiteheadschen oder vielmehr Latourschen Sinne ist jedoch das, was ein Akteur einem anderen Akteur anbietet: z. B. auf einen Vorschlag, ein Angebot, eine Beziehung bzw. Verknüpfung einzugehen. Mit Whitehead teilt Latour die Auffassung, dass weder die analytische Sprachphilosophie noch der Empirismus bzw. Positivismus der Grundstein ist, auf dem sich unser Wissen gründet. Im Gegenteil: sie seien eher eine dürftige Interpretation der Erfahrung. *Die Positivisten waren nicht sehr inspiriert, als sie die ›Tatsachen‹ als die elementaren Baustein auswählten, um ihre Kathedrale der Gewissheit zu errichten.* (SG:195) Erfahrung ist für Latour immer mehr als was bloß ins Auge fällt. (vgl. SG:189) *Der Empirismus, sofern wir darunter eine klare Unterscheidung zwischen Sinneseindrücken und mentalem Urteil verstehen, kann ganz gewiss nicht beanspruchen, eine vollständige Beschreibung dessen zu sein, ›was in der Erfahrung gegeben ist.‹* (SG:192) Unter Berufung auf Whitehead definiert Latour seine Verwendung des Begriffs Proposition: *Propositionen sind weder Aussagen noch Dinge, noch irgendein Zwischenzustand zwischen beiden. An erster Stelle sind sie Aktanten. Pasteur, das Milchsäureferment, das Labor sind allesamt Propositionen.* (HP:171)

Alfred North Whitehead:

Im Gegensatz zum Mainstream der Gegenwartsphilosophie will Whitehead die Rolle der Sprache nicht überschätzen. Die Sprache sei gegenüber der Wirklichkeit keine höhere, sondern eher defizitäre Instanz. Im Vergleich zur Wirklichkeit sei das Aussprechen einer Tatsache nur ein rudimentärer Akt. Whitehead benutzt das Wort *Proposition* in einem ontologischen Sinn. Mit dem Begriff *Proposition* bezeichnet er einen Vorschlag bzw. ein Angebot, das von den Dingen selbst ausgeht. Wie Latour gesteht er den Dingen ein Vermögen zu, sich selbst untereinander durch Ereignisse zu verknüpfen. Somit wird bei Whitehead die üblicherweise nur dem Menschen zugestandene Subjektivität auf die unbeseelte Welt ausdehnt. Für ihn ist der raumzeitliche Prozess des Stoffwechsels Ausgangpunkt einer neuen Metaphysik, in deren Mittelpunkt die Beziehung des Stoffwechsels, aus der erst die Entitäten entstünden, steht. Der Austausch unter den Entitäten sei primär, die konkreten Dinge, Stoffe, Elemente entstünden erst aus den Beziehungen. Die Welt sei insgesamt in ständiger Kreation begriffen. Alle Entitäten hätten ihre eigenen Bestrebungen, befänden sich in gegenseitigem Austausch, nähmen sich wechselseitig wahr und reagierten aufeinander.[25] Die Materie folgt laut Whitehead nicht sklavisch ewigen Gesetzen (wie bei Isaac Newton), sondern enthält

> selbst Strebungen, die nicht exakt vorauszuberechnen sind. Im Alltagsleben versuchen wir uns beim Verstehen in die Perspektive des Anderen hineinzuversetzen. Das hätten wir uns gegenüber den Gegenständen der Natur im Lauf der westlichen Geschichte abgewöhnt. Doch Whitehead zufolge müsse mit einer gewissen Eigensinnigkeit der Natur gerechnet werden. Jedes Ereignis im raumzeitlichen Kontinuum sei einmalig. Whitehead knüpft an Leibniz´ Metaphysik an, wonach – im Gegensatz zu Newton – Ereignisse nicht einfach nur Folge von universalen physikalischen Gesetzen sind, sondern in sich das ganze Universum widerspiegeln. Bekanntlich spiegeln in Leibniz´ Monadologie die Gegenstände unserer Anschauung das gesamte Universum auf eine geheimnisvolle Weise wider.[26]

Einer Entität wie z. B. der Milchsäurehefe wird von Latour die Kraft zugesprochen sich mit anderen Dingen und Menschen in Beziehung zu setzen und ganz bestimmte Netzwerke aufzubauen. Durch solche *Artikulationen*[27] entstünden neue Substanzen, Konstellationen, die entweder weiterverfolgt bzw. -entwickelt oder an einer bestimmten Stelle abgebrochen werden könnten. Nun wird man entgegnen, dass auch vor Pasteurs Entdeckung – zum Beispiel im Laboratorium des deutschen Chemikers Justus von Liebig – bei Versuchen zum Gärungsprozess sich der gleiche wolkige graue Stoff gezeigt hat, den Pasteur später als Milchsäurehefe identifizierte. Doch nach Latour greift diese Argumentation zu kurz. *Ein Milchsäureferment, das 1858 in einem Nährmedium in Pasteurs Laboratorium in Lille gezüchtet wurde, ist nicht das gleiche Ding wie der Rückstand einer Alkoholgärung in Liebigs Laboratorium in München im Jahre 1852.* (HP:181) Bei Liebig habe es sich um andere Prozesse, Kombinationen, andere Situationen und Stationen gehandelt, die nicht nur die Aussagen über die Dinge verändern, sondern das Ding selbst auch. Nach Latour sollte man deshalb das Wort *Substanz* am besten durch das Wort *Institution* ersetzten. Entsprechend habe Pasteur keine neue Substanz entdeckt, sondern mit seinen Experimenten damit angefangen die Milchhefesäure im wissenschaftlichen Diskurs und in der Realität immer fester zu etablieren bzw. zu institutionalisieren.

In seiner Schrift *The Pasteurization of France* arbeitet Latour heraus, wie durch die neuen Erkenntnisse Pasteurs und das Zusammenwirken einer ganzen Reihe von Faktoren sich nicht nur die Wissenschaftslandschaft, sondern ganz Frankreich veränderte. Pasteur hatte die Mikroben entdeckt und ihre Beziehungen zu Infektionskrankheiten. Dies wiederum diente den Vorkämpfern der Hygienebewegung dazu, ihren Einfluss zu verbreitern. Eine ganze Armada von Ärzten und Gesundheitsbeamten richtete von nun an ihre Berufsplanung an der labortechnischen Bekämpfung von Krankheitserregern aus. Patienten wurden statistisch erfasst, biopolitische Maßnahmen führten dazu, dass die Infektionskrankheiten zu einer weitgehend beherrschbaren Größe wurden. Wie konnte eine einzelne Person – Pasteur – eine ganze Gesellschaft derart umfassend verändern? Ganz offenkundig ist dazu ein einziger Mensch nicht in der Lage. Erst das weit verzweigte Zusammenspiel von Hygienebewegung und Pasteurs Forschungen wie auch politische Interessen haben zur Umwälzung Frankreichs geführt. Pasteur selbst habe ursprünglich überhaupt kein Interesse an Gesundheitsfragen gehabt und die Vertreter der Hygienebewegung seien ursprünglich nicht an Laboruntersuchungen interessiert gewesen. Die Ärzteschaft stand der wachsenden Bedeutung der Labortätigkeit im Gesundheitswesen sogar eher skeptisch gegenüber, fürchtete sie doch dadurch eine Einbuße der Bedeutung des unmittelbaren Arzt-Patienten Verhältnisses.

Und dennoch wurde durch das Zusammenspiel der genannten Faktoren die Hygiene zum alles beherrschenden Thema in Frankreich um die Wende zum 20. Jahrhundert. Der Staat wollte nach dem verlorenen Krieg gegen Deutschland im Jahre 1870/71 die Gesundheit und damit die Arbeitskraft der Bevölkerung steigern. *Alle diese zum Teil einander widerstreitenden Interessen der menschlichen Akteure trafen sich in Pasteurs Labor.*[28] Zwar war das Krankheitsbild Milzbrand schon vorher bekannt, doch erst Pasteur entdeckte die Verbindung zwischen den Mikroorganismen der Milzbranderreger und der Krankheit. Bis 1880 – so Latour – habe es überhaupt keine Verbindung zwischen der Erforschung von Infektionskrankheiten und der Laborwissenschaft gegeben. Doch danach begann die Mikrobe im Mittelpunkt der Laborversuche zu stehen. Von nun an wurde jeder feine Unterschied im Verhalten der Mikrobe studiert. Hajo Greif fasst hier Latour folgendermaßen zusammen: *Worauf Latour unsere Aufmerksamkeit richten möchte, ist die besondere Konstellation zwischen Mikroorganismen, Pasteur, seinem Labor und den anderen Beteiligten im Prozess der Pasteurisierung Frankreichs, welche die Mikroorganismen (...) in die Schlüsselrolle in einer Geschichte hievten.*[29] Es habe keinesfalls auf der Hand gelegen, was die Mikrobe von anderen Wesen unterscheide. Erst infolge einer konkreten Reihe von Laboruntersuchungen sei es zu deren Definition gekommen. Keine Zwangläufigkeit, sondern ein Ringen zwischen dem widerspenstigen Verhalten der Mikroben und den unterschiedlichen Versuchsanordnungen habe schließlich bis zur letztendlichen Definition des Milzbranderregers und der anderen Mikroben in medizinischen Lehrbüchern geführt.

Zusammenfassung:

Eine naturgesetzliche Zwangsläufigkeit, so Latour, findet sich in den Wissenschaften genauso wenig wie in der Gesellschaft.[30] Die Forschungsergebnisse hätten je nach unterschiedlich verlaufenden wissenschaftlichen Forschungsprozessen auch immer anders verlaufen können. Anders formuliert: Entgegen dem Sprichwort »Alle Wege führen nach Rom«, will Latour sagen, dass unterschiedlich verlaufende wissenschaftliche Forschungsprozesse zu verschiedenen Zeiten und gesellschaftlichen Konstellationen zu jeweils anderen Ergebnissen führen.

Seinen Leitgedanken, dass es bei der Durchsetzung einer neuen wissenschaftlichen Theorie nicht nur darum geht, wer die besseren wissenschaftlichen Argumente hat, sondern ein großes Netz von Faktoren mitberücksichtigt werden müsse, führt Latour am Beispiel der Wissenschafts-Debatte zwischen Pasteur und Félix Pouchet aus. Während Pasteur der Auffassung war, dass Leben nur aus Leben hervorgehen könnte, vertrat Pouchet die Position, dass sich Leben unter bestimmten Bedingungen auch aus rein chemischen Stoffen spontan bilden könne. Als Beweis dafür führte Pouchet eine gut abgekochte Nahrung in einem Reagenzglas an. Ohne jede weitere äußere Einwirkung könne man an ihr nach nur kurzer Zeit die Existenz von Bakterienkulturen nachweisen. Wo sollten also die Bakterien herkommen, wenn nicht aus dem toten Material? Pasteur war allerdings der Meinung, dass die Kulturen nicht aus dem toten Material entstanden, sondern von außen Eingang in den Behälter gefunden hätten. Um seine Theorie zu stützen, führte er der Akademie ein eindruckvolles Experiment vor. Er kochte in Reagenzgläsern mit langen Hälsen ein Fleischstück ab und ließ es eine Zeitlang stehen. Man konnte beobachten, dass sich keine Bakterien entwickelten. Als Pasteur jedoch in einem weiteren Experiment die Hälse der Reagenzgläser um die Hälfte verkürzte, bildeten sich nach kürzester Zeit die Bakterien. Bevor die Hälse der Gläser verkürzt wurden, war der Weg für die Bakterien zu lang gewesen, sodass sie keinen Zutritt zum Inhalt der Gläser fanden. Erst als der Weg um die Hälfte verkürzt wurde, schafften es die Bakterien bis zum Innern des Halses vorzudringen und das abgekochte Fleisch zu befallen.[31]

Nun könnte man sagen, dass Pasteurs Experiment so eindruckvoll und überzeugend war, dass er damit die Akademie auf seine Seite gebracht hat. Doch nach Latour war diese Präsentation nur ein Element einer ganzen Reihe von Faktoren, die schließlich dazu führte, dass die

Akademie Pasteurs Meinung annahm. Hinzu kam nämlich, dass die Mitglieder der Akademie größtenteils katholisch waren und deshalb schon von vorneherein einer Position zuneigten, nach der Leben nur aus Leben entstehen kann. Die Schaffung von Leben aus der toten Materie oder dem Nichts sei nur Gott vorbehalten. Die These von der spontanen Entstehung von Leben aus der Materie kam diesen Mitgliedern wie Ketzerei vor. Pasteur – so Latour – habe die Auseinandersetzung vor der Akademie nicht nur wegen seiner rationaleren Argumente gewonnen, sondern, weil er es verstanden habe, die meisten Aktanten auf seine Seite zu ziehen: die Akademiemitglieder wie die Bakterien, die sich so verhalten hätten, wie es Pasteur wollte, ebenso wie die Gerätschaften, derer er sich bei dem Experiment bediente.

Auch anhand der Forschungen des französischen Nuklearforschers Frédéric Joliot aus den 20er und 30er Jahren des 20. Jahrhunderts lasse sich zeigen, dass wissenschaftliche Arbeit Netzwerkarbeit ist. Für sein Projekt eines Atommeilers habe Joliot eine große Menge Uran benötigt, die er von der belgischen Bergwerksgesellschaft *Union Minéra du Haut-Katanga* beziehen wollte. Die Bergwerksgesellschaft sagte Joliot fünf Tonnen Uranoxyd und ihre technische Hilfe sowie eine Million Franc zu, wofür sie als Gegenleistung über die wissenschaftlichen Entdeckungen der französischen Wissenschaftler informiert werden wollte. Jederzeit waren auch Politiker aus dem französischen Kriegsministerium über die Vereinbarungen und Verträge Joliots im Bilde. Allein schon diese Tatsachen belegen die engen Verflechtungen zwischen Wirtschaft, Politik und Wissenschaft. Die Geheimnisse der Atomspaltung waren gerade entdeckt worden. Ein Uranatom, das mit Neutronen bombardiert wird, setzt zwei oder drei andere Neutronen frei, die ihrerseits wieder andere Neutronen freisetzten, sodass eine Kettenreaktion einsetzt und so unbegrenzte Mengen an Energie produziert. Doch der Haken an der Sache war: Wenn die Neutronen zu schnell sind, lösen sie die Reaktionen nicht aus. Joliot musste also eine Substanz finden, das die Neutronen bremst.

Es war ein Mitarbeiter Joliots – Hans Halban –, der ihn auf das Deuterium, ein Wasserstoffisotop, das »schweres Wasser« entstehen lassen kann, aufmerksam machte. Deuterium war jedoch nur sehr schwer aufzutreiben. Es gab auf der Welt nur eine Fabrik dafür: die norwegische Gesellschaft *Norsk Hydro Elektrik*. Der französische Rüstungsminister Raoul Dautry unterstütze Joliot in seinem Vorhaben einen Versuchsreaktor zur Gewinnung von Kernenergie zu bauen, drängte ihn aber ebenso dazu, sein ziviles Atomprogramm jederzeit auf die militärische Nutzung umzustellen, wenn es möglich erscheinen sollte mit der neuen

Technik eine Atomwaffe herstellen zu können. Latour fasst das *Geflecht der Fäden* bei diesem wichtigen Forschungsprojekt folgendermaßen zusammen. *Halbans Berechnungen der Neutronengeschwindigkeit, Joliots Überlegungen zur Durchführbarkeit einer Kettenreaktion und Dautrys Gedanken über die Notwendigkeit, neue Waffensysteme zu entwickeln, verschmolzen noch enger, als es darum ging, an das norwegische Wasser heranzukommen.* (HP:100)

Science studies, wie sie Latour versteht, versuchen nicht wissenschaftliche und soziale Faktoren sauber zu trennen, sondern ihre Verflechtungen aufzuzeigen. Es gehe nicht darum zwei Spalten aufzumachen, wonach in die eine Begriffe wie juristische Probleme, politische Überzeugungen und Probleme gehörten und in die andere Spalte Neutronen, das Deuterium usw. einzuordnen wären. Denn es geht ja Latour gerade darum, die Vernetzungen und Verästelungen von Gesellschaft und Natur anhand der Forschungsergebnisse aufzuzeigen. *Wissenschaftsforschung kann als ein Projekt bestimmt werden, das sich dieser Aufteilung insgesamt widersetzt.* (HP:102) Ihre Aufgabe ist es, sichtbar zu machen, welche Arbeit die Wissenschaftler und Politiker leisten mussten, um ein *unentwirrbares Gewebe* zu knüpfen, damit es zu genau denjenigen Resultaten in der Wissenschaftsgeschichte kam, die faktisch vorliegen. Die Züge, Strategien der Forscher und Politiker sind nirgendwo vorgegeben, sondern ergeben sich aus den konkreten Entscheidungen und Interessenlagen der Akteure in der Gemengelage von Dingen und Menschen. Ein wesentlicher Teil der Wissenschaftsforschung macht also aus, aufzuzeigen, welche *Übersetzungen* zwischen dem politischen und wissenschaftlichen Vokabular habe stattfinden müssen, sodass es zu den konkreten Ergebnissen hat kommen können. Joliot musste sich um mit seinen Forschungen voranzukommen mit politischen Fragen beschäftigen und der Politiker Dautry war bei der Verfolgung seiner politischen Ziele, den Deutschen waffentechnisch Paroli bieten zu können, gezwungen, sich mit den Berechnungen über die Absorptionsgeschwindigkeit von Neutronen auseinander zu setzen: *Die Übersetzungsoperation besteht darin, zwei bisher aneinander fremde Interessen (Krieg führen, Neutronen abbremsen) zu einem einzigen neuen miteinander zu verschmelzen.* (HP:106)

Joliot konnte bei seiner Forschung nur weiterkommen, wenn er nach der Arbeit im Laboratorium sich auf den Weg ins Ministerium machte. Dabei sei der Unterschied zwischen den beiden Tätigkeiten gar nicht so groß, wie vielfach angenommen werde.

Nachdem er sein Laboratorium bekommen hat, muss er mit den Neu-
tronen selbst verhandeln. Einen Minister zu veranlassen, Graphitvorräte
freizugeben, ist das eine. Ein Neutron zu veranlassen, genügend abzu-
bremsen, damit es ein Uranatom trifft, sodass dabei drei andere Neu-
tronen frei werden, ist das etwas anderes? Ja und nein. Für Joliot ist der
Unterschied nicht sehr groß. Morgens beschäftigt er sich mit den Neu-
tronen und nachmittags mit seinem Minister. (HP:108)

Latour will hier darauf hinaus, dass die Wissenschaftler bei ihrer alltäglichen Arbeit den Unterschied zwischen dem »reinen« Bereich der
Wissenschaft und dem externen Bereich der Politik und Gesellschaft
ständig vermischen. Es sei nicht so, dass wissenschaftliche Fakten vom
Himmel fallen und nur politische Ziele ausgehandelt werden müssten.
Auch wissenschaftliche Fakten haben ihre Geschichte. Sie sind Latour
zufolge im Wesentlichen Modifikationen von vorherigen Tatbeständen.
Irgendwann sind sie dann kanonisiert und werden in ein Lexikon ein-
getragen. Bis es zu einem solchen Eintrag kommt, sind viele Zwischen-
schritte nötig. In diesem gesamten Prozess weist vorher kaum etwas
darauf hin, dass die Forschung zwangsläufig zum schließlich vorliegenden Endergebnis führt. Es handelt sich also in der Wissenschaft
ebenso wie in der Politik um offene Verhandlungsprozesse. Es hätte
genau so gut sein können, dass ein Forschungsprojekt abgebrochen
wird und der Eintrag im Wissenschaftslexikon bis heute nicht besteht.
Anders gesagt: Es gibt in den Wissenschaften keine zielorientierte – te-
leologische – Entwicklung. Alles hängt von den Einsätzen der Forscher
und dem Verhalten der zu erforschenden Dinge ab. Diese Offenheit
wird durch das Ergebnis des Eintrags einer wissenschaftlichen Tatsache
in ein Lexikon verdeckt. Nach dem Eintrag gehören die entsprechenden
Definitionen oder Artikel zum Standard. Erst jetzt sieht alles so aus, als
ob es diese Wahrheit schon immer gegeben hätte. Doch der Weg zu
diesem Ergebnis hätte jederzeit auch unterbrochen werden können.
Wenn es ein Wissenschaftler nicht versteht, seine Meinung unter die
Leute zu bringen, dann wäre es nie zu einer nun angeblich unverrück-
bar feststehenden Wahrheit gekommen

Thomas S. Kuhn, Paul Feyerabend, das ›strong programm‹ der Edinburgh-Schule

Wie Latour vertritt der amerikanische Physiker und Wissenschaftstheoretiker Thomas S. Kuhn die These, dass die Entwicklung in den Wissenschaften keineswegs im Sinne einer Verbesserung des objektiven Abbildes der Natur zu verstehen sei. In *Die Struktur wissenschaftlicher Revolutionen* (1962) spricht er von der *Inkommensurabilität* verschiedener Wissensparadigmen, z. B. des ptolemäischen und des kopernikanischen Weltbildes. Die Forschung gerate von Zeit zu Zeit in Krisen, bis schließlich eine geistige Revolution einsetze, die zu neuen Maßstäben, Ideen und Vorstellungen führe. In der Wissenschaftsentwicklung stehen sich nach Kuhn verschiedene Paradigmen bzw. verschiedene Vernunftformen unversöhnlich gegenüber. Welches Paradigma sich schließlich durchsetze, sei eine Frage des Streites von Forschern untereinander. Kuhn greift bei der Frage, welche Theorie gewinnt, auf Elemente der Soziologie und der Sozialpsychologie zurück. Bei der Auswahl der Forschungsansätze und -ergebnisse entschieden nicht nur Vernunftargumente, sondern ebenso Intrigen, Tricks, Verleumdungen. Kuhn geht davon aus, dass die neuzeitliche Wissenschaft ein kollektives Unternehmen von Wissenschaftlergemeinschaften ist, die zu einem bestimmten Zeitpunkt ein gemeinsames Paradigma vertreten. Zu Zeiten der Normalwissenschaft arbeiten die Wissenschaftler daran, Lücken in diesem Schema zu schließen. Er nennt diese Arbeit eine Art Rätsellösen und vergleicht die Suche nach Komplettierung des Wissens auf der Grundlage eines gesicherten Paradigmas mit der Arbeit an einem großen Puzzle. Sollten bestimmte Probleme innerhalb des Paradigmas nicht gelöst werden können, würden die Wissenschaftler nicht gleich das ganze Paradigma über Bord werfen, sondern für dieses Einzelproblem ad hoc Lösungen vorschlagen. Erst wenn die Probleme innerhalb eines alten Paradigmas zu groß werden und die Normalwissenschaft von einem anderen Paradigma ernsthaft in Frage gestellt werde, beginne die Phase der wissenschaftlichen Revolution. Ob sich dabei auch wirklich das »richtigere« Paradigma durchsetze, sei eine rhetorische Frage, da die Sieger des Wissenschaftsstreites natürlich behaupteten, dass ihre Argumentation die richtigere sei. Kuhn kommt wie Latour in seinem Wissenschaftsverständnis ohne den Begriff der Wahrheit oder Wahrheitsähnlichkeit aus. Die Wissenschaft wie die Evolution schritten zwar fort, aber nicht kumulativ, sondern ohne Plan und ohne Ziel, weder vorgegeben von Gott noch von der Natur. Wie Bruno Latour betont auch Paul K. Feyerabend, dass die Wissenschaften nicht durch ein *klar definiertes, homogenes Tätigkeitsfeld*[32] definiert seien. In der westlichen Kultur – so Feyerabend – würden die Naturwissenschaften, was ihre Objektivität und Bedeutung betrifft, maßlos überschätzt. Es gebe in den Wissenschaften keine allgemeingültige Methode, fast alle wissenschaftlichen Innovationen seien gerade dadurch zustande gekommen, dass geltende methodische Maßstäbe verletzt worden seien. Feyerabend fordert *Kreativität* und einen *Pluralismus* in der Wissenschaftsmethodologie. Sein berühmtes Motto – *anything goes* – wendet sich gegen jede Einschränkung der wissenschaftlichen Neugierde und Schaffensfreude. Wissenschaft und Kunst seien gar nicht so weit auseinander, wie man üblicherweise denkt. Ähnlich wie Künstler einen Kunststil pflegten Wissenschaftler einen bestimmten Wissenschaftsstil. *Wahrheit ist, was der Denkstil sagt, dass Wahrheit sei.*[33] In einer wirklich freien Gesellschaft herrsche jedenfalls kein staatlich verordneter Rationalitätszwang. Alle Traditionen, ob Astrologie, Voodoo-Praktiken, Therapieformen (Akupunktur u. ä.) hätten hier ihre Berechtigung und Bedeutung.

Kuhn und Feyerabend beeinflussten eine Reihe von Forschen, die ab den 60er Jahren eine Soziologie der Wissenschaften entwickelten, deren prominentesten Vertreter – David Bloor und Barry Barnes – aus der sogenannten *Edinburgh-Schule* stammen. Bloor kommt von der Psychologie und Barnes von den Naturwissenschaften. Beide vertraten das *strong programm* der Wissenschaftssoziologie: *streng*, deshalb, weil sie behaupten, dass die zwischenmenschlichen Beziehungen unter den Wissenschaftlern nicht nur gleichsam den Rahmen der Forschung abgeben, sondern sich bis in die einzelnen Theoreme auch innerhalb des Kerns – der Black box – einer Naturwissenschaft Geltung beanspruchten. Persönliche Beziehungen, ideologische Positionen und Machtinteressen entschieden darüber, welche der Theorien, Theoreme usw. sich durchsetze. Am Beispiel der Phrenologie im 19. Jahrhundert in Edinburgh versuchten sie nachzuweisen, dass letztlich soziale Umstände über den Erfolg einer wissenschaftlichen Theorie entschieden. Dabei gilt es festzuhalten, dass sich die Vertreter der *Edinburgh-Schule* nicht für die Richtigkeit oder Falschheit einer naturwissenschaftlichen These interessierten, sondern nur verdeutlichen wollten, wie wissenschaftliche Theorien im Allgemeinen von sozialen Faktoren geschaffen bzw. entscheidend beeinflusst werden. Bei der Phrenologie handelt es sich um eine gegen Ende des 18. Jahrhunderts von dem Österreicher Joseph Gall vertretene Lehre, wonach man von der Schädelform auf beistimmte mentale Eigenschaften schließen könne. Diese Lehre sei von der schottischen Aristokratie nur mit Argwohn aufgenommen worden. Letztlich seien es diese Widerstände bzw. *außerwissenschaftliche* Gründe gewesen, die dazu geführt hätten, dass dieses Forschungsprogramm eingestellt wurde. Im Unterschied zum stark kulturorientierten Programm der Edinburgh Schule versucht jedoch Latour die Natur wieder in die Wissenschaftssoziologie einzubringen; doch dies auf eine Weise, die – unter zu Hilfenahme eines Vokabulars aus den Literaturwissenschaften – nicht mehr zwischen physischen und sozialen Faktoren unterscheidet.

Um seine wissenschaftlichen Überzeugungen zu verbreiten und zum Erfolg zu verhelfen brauchte Joliot die Meinung der Anderen. Wie Nietzsche – *einer hat immer Unrecht, bei zweien beginnt die Wahrheit* – betont auch Latour die kommunikativen Aspekte bei der Wahrheitsfindung; *(...) das Schicksal einer Aussage liegt in den Händen der anderen (...)* (HP:114) Joliot musste also die Neutronen des Reaktors ebenso wie seine Wissenschaftlerkollegen auf seine Seite bringen. Alle diese Aspekte müsse die Wissenschaftsforschung berücksichtigen. *Stand das traditionelle Bild der Wissenschaft unter dem Motto ›je losgelöster eine Wissenschaft, desto besser‹, so sagt die Wissenschaftsforschung: ›je verbundener eine Wissenschaft ist, desto genauer kann sie werden.‹* (HP:117) Wichtig sei vor allem den Prozesscharakter der wissenschaftlichen Arbeitsweise zu beachten. *Es gibt nicht wahre Aussagen, die einem Sachverhalt entsprechen, und falsche Aussagen, die dies nicht tun, sondern es gibt nur fortlaufende oder unterbrochene Referenz.* (HP:117)

> **Zusammenfassung:**
> Im Unterschied zur traditionellen Wissenschaftsphilosophie folgt die von Latour vorgeschlagene Wissenschaftsforschung den Netzen, Knoten, Fährten, wie politische in technische Fragen (und umgekehrt) übersetzt werden. Der Nobelpreisträger Joliot musste seinen Reaktor in Gang bringen, die Kettenreaktion der Teilchen verstehen, sich mit dem Minister treffen, um zum Erfolg zu kommen. Er musste die Welt mobilisieren, Allianzen schmieden, Öffentlichkeit schaffen, und nicht zuletzt seine wissenschaftlichen Freunde von der Richtigkeit seiner Annahmen überzeugen.

Latour kritisiert an der bisherigen Erkenntnistheorie, dass ihre Vertreter sich zu sehr mit den kognitiven Fragen wie dem Zusammenspiel von Verstand und Sinnesdaten beim Erkennen beschäftigen, anstatt sich dort hinzubegeben, wo konkret wissenschaftliche Fakten entstehen: im Labor, bei Expeditionen, in Forschungseinrichtungen usw. Indem Latour vor Ort die wissenschaftliche Arbeit verfolgt, gelingt es ihm, sich jenseits des unfruchtbar gewordenen Streites zwischen Realismus und Konstruktivismus in der Erkenntnistheorie zu stellen. Bisher wurde zwischen den Forschern und der Realität ein tiefer Graben angenommen, über den die Wissenschaft Brücken zu bauen habe. Doch in der wissenschaftlichen Praxis sei dieser Graben nie da gewesen. Die Wissensformen, so Latour, seien viel entscheidender als die Fakten selber. Nackte Fakten gebe es nicht. Heutzutage sei die Information zu einem Bestandteil der physischen Welt geworden: breit verteilt und den Gegenständen eingeschrieben. Wissen sei in erster Linie als eine Anhäufung von Praktiken aufzufassen. Die Wissenschaft sei somit nichts vom Alltagsleben Abgetrenntes, sondern finde ganz konkret in der Praxis von Forschern statt.

So ist aus Latours Sicht und Epistemologie das Wissen selbst als Subjekt tätig. Wissen sei wie ein lebendiger und pulsierender Organismus. Mit seiner neuen Wissenschaftstheorie will er die verästelte Übersetzungs- bzw. Transformationspraxis der Erkenntnisarbeit ganz genau beschreiben. Dazu entwickelte er eine Reihe neuer Leitbegriffe. Einer davon ist »*zirkulierende Referenz*«. Damit ist gemeint, dass sich der Wahrheitswert einer wissenschaftlichen Hypothese aus der Kette der kleinen Transformationsschritte von Gegenständen, Instrumenten, Praktiken, Institutionen, Interessen usw. herausstellt. Wie wird die Welt in Worte gefasst? Der Begriff der *zirkulierenden Referenz* dient dazu, die Alltagspraxis wissenschaftlicher Produktion angemessen zu beschreiben.

> Zitat
>
> *Die alte Übereinkunft ging aus von einer Kluft zwischen Worten und Welt und versuchte dann einen dünnen Steg über diesen Abgrund zu zimmern. Zwischen zwei völlig verschiedenen ontologischen Bereichen, zwischen Sprache und Natur, sollte eine riskante Korrespondenz hergestellt werden. Ich will zeigen, dass es hier weder Korrespondenz gibt noch eine Kluft, ja noch nicht einmal zwei völlig verschiedene ontologische Bereiche, sondern ein ganz anderes Phänomen: zirkulierende Referenz* (HP:36).

Gemäß der analytischen Sprachphilosophie hat eine Aussage nur dann eine Referenz, wenn es einen Sachverhalt gibt, der ihr entspricht. Obwohl diese semantische Theorie der Wahrheit unmittelbar einleuchtet, kann sie nicht über das Problem hinwegtäuschen, dass letztlich zwei verschiedene ontologische Ebenen – die der Sprache und die der Wirklichkeit – miteinander verglichen werden sollen. *Auch wenn die Sprachphilosophen Tausende von Büchern in den trennenden Abgrund zwischen Sprache und Welt geworfen haben, ist die Kluft nicht im mindesten zugeschüttet. Das Rätsel der Referenz zwischen den beiden (...) Bereichen Sprache und Welt ist so dunkel geblieben wie eh und je (...)* (HP:179) Latour kritisiert die sogenannte *Korrespondenztheorie der Wahrheit*, wonach die Wahrheit einer Aussage darin besteht, mit der Wirklichkeit überein zu stimmen. Denn sie enthält das Problem, wie man die behauptete Übereinstimmung zwischen Erkenntnis und Wirklichkeit feststellen kann. Wie ist die Wirklichkeit unabhängig davon, was wir über sie sagen, denken und wissen können?[34] Als ehemaliger Vertreter der Korrespondenztheorie formulierte Ludwig Wittgenstein das Problem folgendermaßen: *Ich sagte immer, die Wahrheit sei eine Beziehung zwischen dem Satz und dem Sachverhalt, konnte aber niemals eine solche Beziehung ausfindig machen.*[35] Trotz dieser Einsicht ist Latour zufolge Wittgenstein als wichtigster Philosoph des 20. Jahrhunderts überschätzt. Denn er habe – anders als Alfred N. Whitehead – die Sprachphilosophie viel zu einseitig in den Vordergrund gerückt. Am ehesten entspricht Latours Ansatz einer utilitaristischen bzw. pragmatischen Wahrheitstheorie, der sich Wittgenstein ja auch in seiner zweiten Schaffensphase näherte, wonach sich wahre Theorien durch ihren Erfolg und ihre Nützlichkeit auszeichnen. In den Worten eines der Begründer des Pragmatismus William James ist nämlich das Wahre (...) *nichts anderes als das, was uns auf dem Wege des Denkens vorwärts bringt, so wie das Richtige das ist, was uns in unserem Benehmen vorwärts bringt.*[36]

Das Parlament der Dinge

(...) so liegt Glück oder Elend in den Gegenständen,
womit wir uns zusammenhalten (...)
Johann Wolfgang von Goethe (Werther)

Latour lässt sich als Vater einer neuen Verfassung begreifen, in der die strikte Trennung zwischen Natur und Gesellschaft aufgehoben ist. Dabei darf man sich sein Buch *Das Parlament der Dinge* nicht als eine klassische politologische Institutionslehre vorstellen. Vielmehr liefert er den Versuch einer grundlagentheoretischen Klärung, wie zukünftig mit politischen Problemen wie Terrorismus, BSE, Atommülllager, Vogelgrippe, Tests in Teilchenbeschleunigern, der Vermehrung der Dingwelt usw. umzugehen ist. Im letzten Jahrhundert kam es in den westlichen Gesellschaften zu einer erstaunlichen Zunahme der Produktion von Dingen. Dabei ist zu beobachten, dass nicht nur alte Dinge gegen neue ausgetauscht werden, sondern weiterhin eine große Anzahl anscheinend überlebter Gegenstände wie Schallplatten, Zahnbürsten, Nähmaschinen trotz der modernen Konkurrenz von CDs und elektrischen Geräten weiter zirkulieren. Der Einsatz von Computern hat den Verbrauch von Papier, wie man hätte annehmen können, nicht reduziert. Beim Antiquitätenhändler, auf Flohmärkten etc. halten sich alte Radio-, Fernseh- und Fotoapparate.[37] Die derzeitige ökologische Krise lässt sich in den Augen Latours durchaus als Aufstand der Dinge interpretieren. *Die kleinste Made, das kleinste Nagetier, der kümmerlichste Fluss, der fernste Stern, die bescheidenste automatische Maschine verlangen, für Zwecke gehalten zu werden (...)* (PD:271). Angesichts dieser Expansion der Objektwelt in der modernen Gesellschaft erscheint es naheliegend, wie Latour die Welt der Gegenstände in den Mittelpunkt der soziologischen Untersuchung zu stellen.

An die Stelle der alten Verfassung mit ihren Trennungen zwischen Natur und Gesellschaft will Latour eine neue Verfassung der politischen Ökologie begründen, in der die Hybride anerkannt und als solche wahrgenommen werden. In der alten Verfassung der Moderne wurden Natur und Gesellschaft getrennt. Die Natur wurde als der passive Bereich der Dinge und der Tiere begriffen, während die Gesellschaft Subjekte umfasste, die aktiv auf die Natur einwirken. Die Trennung zwischen Natur und Gesellschaft sei jedoch nur der »offizielle« Teil der alten Verfassung. »Inoffiziell« würden laufend Dinge und Gesellschaft miteinander vermischt, eine Praxis, die Latour *Arbeit der Vermittlung* nennt. Mit *Arbeit der Reinigung* bezeichnet Latour demgegenüber die theoretischen Anstrengungen, die Gegenstände wieder fein säuberlich in die Gebiete »Natur« und »Gesellschaft« einzuteilen. Latour fordert in *Das Parlament der Dinge* bislang aus der politischen Vermittlung ausgeschlossenen nichtmenschlichen Wesen eine Möglichkeit zu geben, ihre Interessen zu artikulieren. *Eine Spinne, eine Kröte, eine Milbe, der Seufzer eines Wals – das alles könnte es sein, was uns die volle und ganze Menschheit hat verfehlen lassen, sofern es nicht jener Arbeitslose, jener Jugendliche in einer Straße von Dja-Karta ist oder ein von allen übersehenes schwarzes Loch am Rande des Universums oder ein neu entdecktes Planetensystem.* (PD:203) Natürlich können FCKWs und BSE-kranke Kühe nicht sprechen. Aber die Dinge können eine Lobby bekommen und zum Thema einer Rede werden. Man kann die nicht-menschlichen Wesen zum Sprechen bringen. Latour versucht bisher in den Sozialwissenschaften marginalisierte Bereiche in seine Sozialtheorie zu integrieren. Soziologie sei nicht länger als eine Wissenschaft des Sozialen zu begreifen, sondern müsse zukünftig als eine Wissenschaft von Beziehungen und Relationen aufgefasst werden. Zukünftig gelte es, den Wildwuchs bei der Vermehrung der Zwischenwesen (Hybriden) durch eine gemeinschaftliche entschiedene Produktion zu kontrollieren.

In Latours neuem Konzept einer *politischen Ökologie* wird nicht mehr zwischen Angelegenheiten der Natur und politischen Angelegenheiten unterschieden. Im zu errichtenden *Parlament der Dinge* gibt es ein Oberhaus und ein *Unterhaus* der politischen Ökologie. Im alten »schlechten« Zweikammersystem der Moderne wird zwischen Natur (Wissenschaft) und Politik (Werten) unterschieden. Im Latourschen »guten« Zweikammersystem wird diese Unterscheidung aufgeben. Wittgenstein hatte in seinem Tractatus die Möglichkeit angesprochen, dass in Zukunft die Wissenschaften vielleicht einmal alle möglichen Sachverhalte und Tatsachen beschrieben bzw. erklärt haben könnten, wobei in einem solchen Fall allerdings noch nicht das Problem des Lebens, der Werte, der Sinn des Lebens gelöst sei. Genau gegen diese Zweiteilung wendet sich Latour. Es sei Illusion, dass durch die Wissenschaften die Fakten irgendwann einmal glasklar auf dem Tisch liegen würden. Wir seien vielmehr stets darauf angewiesen vor dem Hintergrund strittig gewerteter Problemlagen Entscheidungen zu fällen. Die Dinge – so Latour – würden durch die

Wissenschaft nicht einfacher und übersichtlicher, sondern vermischten sich zukünftig sogar nur noch mehr.

Wir könnten uns bei Entscheidungen über die Zukunft nicht einfach auf die Wissenschaftler berufen. Vielmehr seien die Staatsbürger und eine gut funktionierende Öffentlichkeit gefordert. Latour spricht von einem *Parlament der Dinge*, in dem das *Kollektiv*, als einem (...) *Netz von Sammlern* (...) *an der allmähliche(n) und öffentlichen(n) Zusammensetzung der künftigen Einheit* (...) (PD:89) von Menschen und Dingen arbeitet. *Wenn ihr akzeptiert, das öffentliche Leben als allmähliche Zusammensetzung der gemeinsamen Welt neu zu bestimmen, dürft ihr diese Macht nicht mehr unter der Schutzherrschaft der ›unbestreitbaren Gesetze der Natur‹ ausüben. Zu Gesetzen gehört ein Parlament.* (PD:277) Latour scheint unter dem *Parlament der Dinge* in erster Linie eine für die Fragen der politischen Ökologie sensibilisierte Öffentlichkeit zu verstehen, in der sich jeder einzelne Staatsbürger als ein Abgeordneter versteht. Es geht ihm also vor dem Hintergrund der ökologischen Krise im Wesentlichen darum, (...) *die Form unseres öffentlichen Lebens zu verändern und eine Verfassung auszuarbeiten, die den neuen Sorgen besser entspricht.* (PD:88)

Wie bereits erwähnt teilt sich Latours *Parlament der Dinge* in ein Oberhaus und ein Unterhaus. Während dem von Latour avisierten Oberhaus die Aufgabe zukommt, eine allgemeine Sichtung vorzunehmen, unter welchen Bedingungen, mit welchen Annahmen, mit welchen Akteuren das Kollektiv leben will, soll das Unterhaus der politischen Ökonomie darüber entscheiden, wer letztlich als Mitglied im Kollektiv aufgenommen wird und wem dies verwehrt wird. Unter dem Kollektiv versteht Latour die Verbindung bzw. die zahlreichen Vermittlungen zwischen menschlichen und nichtmenschlichen Wesen bzw. Aktanten. *Weil es im Falle von nichtmenschlichen Wesen etwas ungewöhnlich klingt, von ›Agenten‹ zu sprechen, sagen wir besser Aktanten ...* (HP:219)

Das Oberhaus habe die Aufgabe der Konsultation, während dem Unterhaus die Arbeit zukomme, den Mitgliedschaft anstrebenden Propositionen bzw. Aktanten eine Zusage oder oft auch schmerzliche Absage zu erteilen. Zur Erinnerung, eine Proposition ist das, was ein Akteur einem anderen anbietet. Mit diesem Begriff kann Latour die vermittelnde Rolle von Technik und Wissenschaft näher beschreiben. Denn gemäß seinem Ansatz darf man ja nicht zwischen Subjekt und Objekt trennen, also zum Beispiel hier eine Waffe (Objekt) und dort der Mensch (Subjekt), sondern mit einer Waffe in der Hand sei der Mensch sofort jemand anderes. Latour begreift Waffe und Mensch als Propositionen, das heißt bei ihm sind weder Subjekt noch Objekt auf bestimmte Ziele festgelegt, sondern

Prop.: Waffe, „PROPOSITION"

beeinflussen sich gegenseitig. *Sie werden ›jemand‹ oder ›etwas‹ anderes.* (HP:218)

In Latours Konzeption präsentiert sich dem Oberhaus ein Problem immer in Form einer Assoziation von menschlichen und nicht-menschlichen Wesen. *Niemals taucht ein Virus ohne seine Virologen auf, nie ein Pulsar ohne seine Radioastronomen, ein Drogenabhängiger ohne seine Drogen, ein Löwe ohne seinen Masai, ein Arbeiter ohne seine Gewerkschaft, ein Eigentümer ohne sein Eigentum, ein Landwirt ohne seine Landschaft, ein Ökosystem ohne seinen Ökologen, ein Fetischpriester ohne seine Fetische, eine Heilige oder eine Abgeordnete ohne ihre Stimmen ...* (PD:211f)

In ihm – dem *Oberhaus* – werde erst einmal registriert, wer an die Pforte des Kollektivs anklopft, werden die Propositionen gesammelt, möglichst gerecht aufgearbeitet und unter Berücksichtigung der Betroffenen dem Unterhaus zur weiteren Bearbeitung vorlegt. Die Versammlungen des Oberhauses funktionierten umso besser, je sensibler sie für die Fremdheit dessen sind, das Einkehr ins Kollektiv begehrt. *›Ich verursache eine tödliche und plötzlich ausbrechende Krankheit‹, sagen dieser Virus und seine Virologen; ›ich verschmutze besonders schnell die Flüsse‹, sagen dieser Wunderdünger, seine Landwirte und Petrochemiker (...)* (PD:215) Im alten System der Trennung zwischen Gesellschaft und Natur seien solche Fragen so entschieden worden, dass man die Wissenschaftler fragte, ob es diesen Virus überhaupt gebe, ob es »Fakt« sei, dass der Dünger die Flüsse verschmutzt. Genau diese Frage nach dem Realitätsgehalt verbietet sich die neue Versammlung des Parlaments der Dinge. Es wird in ihm nicht darüber beraten, ob es das in Frage stehende Phänomen wirklich gibt oder nicht, sondern ob es im Kollektiv eine Rolle spielen soll oder nicht. Das Oberhaus fragt, *›Welchen Versuchen müssen wir euch unterwerfen, um uns in die Lage zu versetzten, euch zu verstehen und zum Sprechen zu bringen?‹ (...) ›Wer kann am besten die Qualität eurer Vorschläge beurteilen?‹* (PD:213f) Das Oberhaus gibt die Instrumente an die Hand – Erhebungen, Statistiken, Untersuchungen – um zu prüfen, was an dem Begehren Mitglied zu werden dran ist.

In der zweiten Kammer – dem Unterhaus – werde nun darüber entschieden, ob die so geprüften Propositionen mit dem Kollektiv kompatibel sind oder nicht. Eine Reihe der vorgeschlagenen Diskussionen finden ihren Eingang in das Kollektiv, doch andere müssen draußen bleiben. So kann das Kollektiv zum Beispiel beschließen, Ufologen und Ufos, Okkultisten und sich bewegende Wassergläser aus dem Kollektiv auszuschließen. Doch im Unterschied zur alten Verfassung der Moderne geschieht dies nicht so, dass man viel zu früh zwischen Tatsachen und Werten, Realität und Phantasie unterscheidet. Erst nach sorgfältigen Prüfungen werden von der zweiten Kammer Entscheidungen gefällt und auch Anträge, Vorschläge und Angebote zurückgewiesen. Es könnte jedoch jederzeit eine Situation eintreten, in der es sinnvoll wird zum Beispiel mit den Ufologen oder Okkultisten wieder ins Gespräch zu kommen. Nach Latour war es ja gerade der Fehler der alten Verfassung der Moderne, dass man zu viele Akteure bzw. Aktanten mit dem Argument ausschloss, dass sie nur an Hirngespinste glaubten bzw. nur solche seien.

Die Modernen begriffen Andersdenkende noch nicht einmal als Feinde oder Gegner, sondern einfach nur als Kranke oder Phantasten gemäß dem berühmten Motto des Altbundeskanzlers Helmut Schmidt, dass wer Visionen habe, zum Arzt gehen solle. Doch so einfach dürfe es sich die neue Versammlung mit den Überzeugungen, Glaubensinhalten, Gedanken anderer Menschen oder Kulturen nicht machen Nach Latour ist es die Aufgabe der zweiten Kammer des Parlaments der Dinge, die beste aller möglichen Welten zu schaffen, also für alle die besten Entscheidungen zu einem bestimmten Zeitpunkt zu treffen. Das könne eben auf Erden nur ein Parlament; kein Gott, kein Wissenschaftler, kein Politiker, sondern nur die Abgeordneten der zweiten Kammer. Diese entschieden nach bestem Wissen und Gewissen über die Rechtmäßigkeit der Anträge aus der ersten Kammer und bildeten die vorerst letzte Instanz in der Wahrheitsfrage. *Nach diesen Beratungen sind die Entitäten tatsächlich durch wirksame Kausalitäten verbunden, und die Verkettung von Verantwortlichkeiten ist wirklich definitiv gewährleistet. Das Prion ist wirklich für die Krankheit des Rinderwahnsinns verantwortlich; der Gesundheitsminister ist wirklich für den Tod der Bluttransfusionsopfer verantwortlich.* (PD:227f.) Das Parlament der Dinge muss es schaffen unter Zeitdruck klare und harte Entscheidungen zu treffen. Wir leben unter den Gefahren der Jetztzeit und müssen Entscheidungen treffen um zu überleben. Dazu gehört, dass man sich auch Feinde machen muss, um bestimmte schädliche Propositionen vom Kollektiv ausschließen zu können.

Die Berufsgruppen der Wissenschaftler, Politiker, Ökonomen und Moralisten sollen Latour zufolge ihre je eigenen und voneinander verschiedenen Kompetenzen in das Parlament der Dinge einbringen. Im Vergleich zur alten Ordnung kämpfen sie nicht mehr länger um die Reinhaltung ihres je eigenen Fachgebiets, sodass es die Wissenschaftler mit der Natur, die Politiker mit dem Gesellschaftsvertrag, die Ökonomen mit der Wertproblematik und die Moralisten mit der Festlegung einer Rangfolge der Güter zu tun hätten. Latours Ausführungen über die Beiträge der Berufs-

*seiend, Ding

Platon

„nicht zusammen mensbar"

 stände der Ökonomen, Politiker, Wissenschaftler und Moralisten lassen an Platons Überlegungen in seiner Schrift *Politeia* (Der Staat) erinnern, wonach sich der gerechte Staat aus dem harmonischen Zusammenspiel der drei Stände der Händler, Wächter und Politiker unter der Führung der Philosophenkönige (bei Latour des *Parlaments der Dinge*) ergibt. Wie Platon betont Latour, dass wir *eine* moralischen Ordnung finden müssen und nicht zwei, es gehe darum in einer *einzigen* Welt für die Zukunft kluge und möglichst richtige Entscheidungen zu treffen. Damit wendet sich Latour vor allem gegen die Behauptungen von Vertretern der Postmoderne, die von der Inkommensurabilität von Menschen, Kulturen, Dingen und Gütern ausgehen. Demgegenüber spricht Latour von der Notwendigkeit einer Rangordnung unter den Werten und Gütern. Der Vergleich mit Platon darf hier natürlich auch nicht überstrapaziert werden, insofern Latours Parlament der Dinge wesentlich offener konzipiert ist als Platons *Politeia*. Latour formuliert es gerade als wichtige Aufgabe, im Staat übersehene und am Rande liegende Akteure und Aktanten in die öffentliche Diskussion über die Rangordnung der Güter wieder mit einzubeziehen; zum Beispiel die jährlich 8000 Verkehrstoten in Frankreich, die zu (...) *bloßen Mitteln für das in den Rang des souveränen Guts erhobene Automobil geworden* (PD:201) seien.

Bsp.: auto

Alle genannten Berufsgruppen sollten versuchen sich konstruktiv im Netzwerk mit einzubringen. Dabei kommt den Wissenschaftlern vor allem die Aufgabe zu, mit neuen technischen Mitteln neue Entdeckungen zu machen; in der Sprache Latours, neuen Aktanten im Netzwerk nachzuspüren. Die Politiker hätten die Hauptaufgabe zu polarisieren und unter Zeitdruck riskante Entscheidungen zu treffen. Denn das sei das Handicap der Wissenschaftler; dass sie viel – manchmal zu viel – Zeit für ihre Forschungen beanspruchten. Die gesellschaftlichen Probleme seien aber oft so drängend, dass es zu raschen Lösungen kommen muss. In der Regel verlangten Wissenschaftler immer noch mehr Zeit für weitere Forschung, bis sie ihr Urteil mit letzter Sicherheit fällen könnten. Doch der Wirklichkeitsdruck verbiete oft endlose Debatten. Daher seien Politiker wichtig, die nicht davor zurückschreckten, harte Entscheidungen zu treffen und sich deswegen auch schon einmal Feinde zu machen.

dt. Staatsrechtler und politischer Philosoph

Latour und Carl Schmitt

Für Latour hat Carl Schmitt auf die Bedeutung des politischen Feindes, den man nicht hasst, hingewiesen. Im Parlament der Dinge zitiert er in einer Fußnote einen längeren Ausschnitt aus Schmitts *Begriff des Politischen: Die Un-*

4. Das Parlament der Dinge

*terscheidung von Freund und Feind hat den Sinn, den äußersten Intensitäts-
grad einer Verbindung oder Trennung, einer Assoziation oder Dissoziation zu
bezeichnen; sie kann theoretisch und praktisch bestehen, ohne dass gleichzeitig alle jene moralischen, ästhetischen, ökonomischen oder anderen Un-
terscheidungen zur Anwendung kommen müssten. Der politische Feind
braucht nicht moralisch böse, er braucht nicht ästhetisch hässlich zu sein;
er muss nicht als wirtschaftlicher Konkurrent auftreten, und es kann sogar
vorteilhaft scheinen, mit ihm Geschäfte zu machen. Er ist eben der andere,
der Fremde, und es genügt zu seinem Wesen, dass er in einem besonders
intensiven Sinne existenziell etwas anderes und Fremdes ist, so dass im
extremen Fall Konflikte mit ihm möglich sind, die weder durch eine im voraus
getroffene generelle Normierung, noch durch den Spruch eines ›unbeteilig-
ten‹ und daher ›unparteiischen‹ Dritten entschieden werden können.*
(PD:346f)[38] Schmitts abgeklärten Begriff des Politischen übernimmt Latour,
um ihn auf den Bereich der nicht-menschlichen Wesen auszudehnen.

In Latours Konzeption eines *Parlaments der Dinge* werden die Politiker
dafür geschätzt, dass sie es wagen, für ihre Überzeugungen den Kopf
hinzuhalten, eine Entschlossenheit, die den zögerlichen Forschern eher
abgeht. Den Beitrag der Ökonomen schließlich in der neuen Verfassung
des *Parlaments der Dinge* sieht Latour darin, dass sie mit ihren Kalkula-
tionen dazu beitragen sollen, die verschiedenen ökonomischen Güter,
nach der eine Gesellschaft strebt, miteinander vergleichbar zu machen.
Mit Hilfe ihres Berechnungsgeschicks und dem sensiblen Urteilsvermö-
gen der Moralisten könne die Gesellschaft eine neue Rangordnung unter
den Gütern festlegen.

Diese von Latour entwickelte neue Verfassung der politischen Ökonomie
kann seiner Meinung nach besser als der alte rechtsstaatliche Pluralismus
die Vielfalt der Welt im 21. Jahrhundert repräsentieren. Im gegenwärtigen
Pluralismus und Rechtsstaat herrschten zwar auch Meinungs- und Gedan-
kenfreiheit. Doch so richtig würden abweichende Ansätze, Meinungen und
Positionen nicht akzeptiert, weil sie unter der epistemologischen Vorgabe
des Naturalismus von vornherein unter den Verdacht des Irrationalismus
und der Irrealität gestellt werden. *Wie kann der scheinheilige Respekt für
Glaubensformen, denen der Status der Realität verweigert wird, Pluralismus
genannt werden?* (PD:230) Zusammengefasst heißt das, dass in der gegenwärtigen Verfassung des Pluralismus und des Rechtsstaates zu früh Vorent-
scheidungen darüber gefällt werden, ob ein Gegenstand real, eine Annahme
realistisch oder ein Ding zur Natur oder zur Gesellschaft gehört.

Iconoclash – Gibt es eine Welt jenseits des Bilderkrieges?

Latour zufolge ist heute die Kritik viel zu billig geworden, weil in unserer permissiven und toleranten Gesellschaft jedermann alles und jedes kritisieren kann. *Nicht, dass Kritik nicht länger benötig würde, doch sie ist in letzter Zeit zu billig geworden.* (I:41) Verschwörungstheorien, wie die, dass die US-Regierung den Aids-Virus entwickelt habe, um die schwarze Bevölkerung zu dezimieren sind ebenso im Umlauf wie der Verdacht, dass die meisten Politiker korrupt seien. Es gibt Bücher, Filme, Aufsätze, in denen behauptet wird, dass die Mondlandung der Amerikaner fingiert und es den Holocaust nie wirklich gegeben hätte. Politiker, Wissenschaftsjournalisten und Klimaforscher vertreten die Ansicht, dass Al Gores Feldzug gegen die globale Zunahme der Erderwärmung vor allem seinem Ehrgeiz im Rampenlicht stehen zu wollen entsprungen sei. Man kann heute fast alles und jedes behaupten, bloßlegen und kritisieren. *Erlauben Sie mir an dieser Stelle eine kleine Gemeinheit. Was ist eigentlich der Unterschied zwischen Verschwörungstheorien und einer popularisierten (...) Kritik (...) In beiden Fällen muss man lernen, alles, was die Leute sagen, unter Verdacht zu stellen (...)* (EK:14)

Als Marx, Nietzsche und Freud ihre Kulturkritiken und Theorien des Verdachts entwickelten, kam das einem hohen persönlichen Risiko und einem ganzen Lebenswerk gleich. Heutzutage bekomme man jedoch die Kritik viel zu wohlfeil in den Zeitungen, dem Internet, Fernsehdokumentationen usw. ins Haus geliefert. Zudem sei es geradezu schick geworden, niemandem und nichts mehr zu trauen. Wer nicht alles und jedes in Zweifel zieht, gilt als naiv. Kritiker erläutern, wie die Wirklichkeit im Gegensatz zu den falschen Ansichten der »leichtgläubigen, einfachen Menschen« sei. Demgegenüber hebt Latour hervor: ›*Die Andächtigen sind nicht dumm*‹. (I:41) Die Aufklärer gehen zu schnell über die Ansichten der Gläubigen hinweg und tun so, als seien allein ihre Ansichten die richtigen. Dabei bewegen sie sich ja vielleicht auch auf unsicherem Terrain. Nehmen wir als Beispiel die Position von Materialisten bzw. Naturalisten, dass der Glaube an die menschliche Seele nichts als Fiktion sei. Schon Kant wies darauf hin, dass auch der Materialismus eine metaphysische Position ist.

Vor diesem Hintergrund ist es laut Latour an der Zeit, den Wert der Kritik grundsätzlich zu hinterfragen. Wie gehen Kritiker vor? Immer werde ein Idol, eine bestimmte Argumentations- und Handlungsweise, die der Kritiker verabscheut, mit großem Elan zerstört. *Es handelt sich immer um eine Anklage. Eine Person oder Gruppe wird der Leichtgläubigkeit angeklagt (...)* (HP:332) Der Kritiker bzw. Bilderstürmer stellt etwas, das von anderen als wertvoll, heilig, wahr, unantastbar usw. gehalten wird als in Wirklichkeit hohl, falsch und nichtig bloß. Nietzsches berühmtes Diagnosehämmerchen ist dafür eine Beispiel. Mit dem Hammer zu philosophieren bedeutete für Nietzsche falsche Idole, Gottheiten, Werte prüfend zu hinterfragen und ihre Hohlheit nachzuweisen. Zuerst hatte Nietzsche mit dem christlichen Glauben gebrochen, dann im Namen der Aufklärung mit seiner Schopenhauer- und Wagnerverehrung. Schließlich hat er mit seinem Ausruf *Oh Voltaire, Oh Humanität, Oh Blödsinn!*[39] die Aufklärung selbst als unzureichend bloßgestellt. Doch was bleibt dann noch? Wofür lohnt es sich zu leben? Genau an diesem Punkt setzt auch Latour an. Die restlos durchgeführte Aufklärung endet im Nihilismus und dem Zynismus der Postermoderne, mit der Latour nichts zu tun haben will. Die Erklärungen der kritischen Soziologen, wonach Götter, Kunstwerke, Werte oder Rechtssysteme nichts als soziale Projektionen sind, glichen einem umgekehrten König Midas, der Gold, Diamanten und Silber in Staub verwandelt. Nichts kann seinen Glanz bewahren, wenn es durch Hände der kritischen Soziologen gegangen ist. Der gute Geschmack eines Weinkenners wird zum Beispiel von Pierre Bourdieu in seiner Soziologie der feinen Unterschiede auf das Bestreben der Oberschicht zurückgeführt, sich durch solche Geschmacksurteile von der breiten Masse abzuheben. Der Weinkenner wird sich in Bourdieus Beschreibung wohl kaum wiederfinden, doch das stört den Kritiker nicht, der dazu neigt, sich über die Selbstinterpretationen der Akteure systematisch hinwegzusetzen, insbesondere über die Aussagen von Gläubigen, dass sie in ihrem Handeln von Wesen wie Engeln, Heiligen oder Gott beeinflusst werden. Über die Metaphysiken setzen sich die kritischen Soziologen hinweg, um sie durch ihre kaum besser bewiesene Metaphysik des Sozialen zu ersetzen. Insbesondere auf dem Gebiet der Kunstsoziologie stellt Latour diese unrühmliche Tendenz fest.

Zitat

Von der kritischen Soziologie ist kein anderer Bereich neben dem der Religion derart plattgewalzt worden wie die Kunstsoziologie. Jede Skulptur, jedes Gemälde, jede Haut-cuisine-Speise, jeder Techno-Rave und jeder Roman sind bis zur Nichtigkeit durch die sozialen Faktoren erklärt worden, die sich ›hinter ihnen verbergen‹. (SG:406)

Doch so könne man mit den Selbstinterpretationen der Menschen nicht umgehen. Wenn die Menschen glauben, dass ihnen ein Kunstwerk, eine Musik, ein Tier heilig ist, dann sollte man nicht vorschnell irgend einen sozialen Grund dafür angeben, sondern erst einmal die Glaubensinhalte ernst nehmen. *Warum nicht ernst nehmen, was die Leute hartnäckig sagen? … Warum nicht sagen, dass das, was in der Religion zählt, Wesen sind, die die Menschen zum Handeln bringen, wie es jeder Gläubige stets betont hat?* (SG:404) Latour empfiehlt die sozialen Erklärungen ähnlich wie die Physiker den Äther ganz aufzugeben: *Die soziale Erklärung aufgeben ist wie den Äther aufgeben; nichts geht verloren, außer einem Artefakt, das die Entwicklung der Wissenschaft verunmöglichte …* (SG:413) Man müsse verstehen, dass es neben dem Sozialen eine ganze Reihe von Mittlern und Existenzformen gibt, die das Leben der Menschen ernsthaft beeinflussen: Kunstwerke, Farben, Klänge, Götter, Engel, Idole, ohne dass gleich ein sozialer Grund dahinter stünde.

Und hat Latour mit seiner Kritik an der radikalen Kritik nicht Recht? Im Jahre 2007 konnte man in der Zeitung *Hindustan Times* die Meldung lesen, dass ein 33-jähriger Inder als Wiedergutmachung für einen Akt von Tierquälerei die streunende Hündin »Selvi« in einem Hindu-Tempel im südlichen Unionsstaat Tamil Nadu feierlich geheiratet habe. 15 Jahre zuvor habe er zwei Hunde zu Tode gesteinigt und bald danach unter einer Lähmung seiner Beine und Arme gelitten. Jetzt glaubte er den bösen Fluch durch die Hochzeit wieder abwenden zu können. Wie wollte man mit einer kritischen Sichtweise einem solchen Mann begegnen? Ihm sagen, dass Flüche wirkungslos sind, dass man einen Hund nicht heiraten darf, dass sein Hund nicht versteht, was eine Heirat ist, um ihn schließlich darüber aufzuklären, dass er auf diese Weise seine Lähmung auf gar keinen Fall los wird? Latour fragt: *Können wir eine Sozialwissenschaft antizipieren, welche die Wesen ernst nimmt, welche die Menschen zum Handeln bringen?* (SG:405) und setzt sich für einen Umgang mit anderen Kulturen jenseits der heute eher gebetsmühlenartig vorgebrachten Beteuerung ihnen gegenüber tolerant zu sein, aber ansonsten nichts mit ihnen zu tun haben wollen, ein.

Es sei im ureigensten Interesse des Westens sich gegenüber den Denkweisen anderer Kulturen wirklich zu öffnen und eigene Defizite zuzugeben: *Nachdem wir die plötzliche neue Schwäche des Westens bemerkt und versucht haben, uns auszumalen, wie er ein wenig länger in der Zukunft überleben kann, um seinen Platz an der Sonne zu behalten, müssen wir nun Verbindungen mit den anderen herstellen …* (SG:450). Eine Schwäche der Position der Modernisten ist Latour zufolge darin zu sehen, dass mit der Herrschaft von Wissenschaft und Technik die Natur auf ihre quantitativ messbaren Seiten reduziert und somit sinnentleert wurde. ›*Die großen wissenschaftlichen Entdeckungen*‹ erklärten sie freudig und mit einem Schauder, ›*entreißen uns unserem kleinen Dorf und schleudern uns in die beängstigenden, unendlichen Räume eines eisigen Kosmos, dessen Zentrum wir nicht länger bilden.*‹ (KW:19) In einer Welt ohne Sinn lasse es sich jedoch nur schwer leben. Latour geht so weit zu behaupten, dass der Faschismus und die totalitären Regime möglicherweise aus einem Akt der Verzweiflung angesichts der Sinnlehre in der modernen Welt zu erklären sind.

Bilderstürmer spüren den Gründen nach, die einen bestimmten Wert, sagen wir zum Beispiel den Wert der Wahrheit, der Wahrhaftigkeit, der Nächstenliebe haben entstehen lassen. Nach Nietzsche durchaus nicht aus ehrwürdigen, sondern oft aus den eher niedrigen Motiven heraus. So seien die Werte des Mitleids und der Nächstenliebe aus einem Ressentiment der Schwachen gegen die sie beherrschenden Herren entstanden. Schwache Menschen – die Sklaven – hätten, um ihr Minderwertigkeitsgefühl gegenüber ihren Herren zu kompensieren die Werte der Solidarität, der Brüderlichkeit und des Mitleids gegen die Werte der Herrenmoral wie Stolz, Mut, Kampfeslust, Ehre gestellt. Durch diese genealogische Herleitung der christlichen Werte glaubte Nietzsche der christlichen Moral einen vernichtenden Schlag erteilt zu haben. Ähnlich gehen Anthropologen vor, wenn sie bestimmte Bräuche und Glaubensinhalte aus primitiven Kulturen als von Schamanen und Häuptlingen erfundene Lügen und Manipulationstechniken durchschaut zu haben glauben. Wenn sie jedoch Bilder als Fetische entlarven, lösen sie sie zumeist aus ihrem Bedeutungszusammenhang heraus. Der Aufklärer argumentiert auf dem Boden vermeintlich sicherer Fakten und will nicht wahrhaben, dass diese Fakten ebenso fabriziert sind wie die Fetische. Deshalb zieht Latour in seiner Soziologie Fakten und Fetische in der Wortschöpfung »Factish« zusammen, womit er eine ganze Reihe fundamentaler Kategorien der Moderne verflüssigt.

Die kritischen Anthropologen gehen davon aus, dass ein Fetisch seine Kraft alleine dem Glauben der an ihn glaubenden Einheimischen verdankt, er selbst sei jedenfalls ohne alle Macht. Sie glauben, dass in dem Moment, wo man den »Wilden« nachweise, dass hinter dem Stein, dem Amulett, das sie anbeten, in Wirklichkeit nichts sei, sich die Eingeborenen enttäuscht von ihrem Aberglauben abwenden würden. Doch so einfach könne man sich Latour zufolge die Angelegenheit des Glaubens nicht machen. Denn hinter den Handlungen der »Wilden« stecke nicht

nur eine Überzeugung, ein Glaube, sondern eine ganze Tradition bestimmter Praktiken, die die Gewohnheit und die Identität von Menschen
bestimmten. Nehme man ihnen den Glauben an den Stein, befreie man
sie nicht nur von einem Aberglauben, sondern nehme dem entsprechenden Volk seine ganze Kultur und Identität. Hat man die Götzen in
Scherben geschlagen, kann man von den Einheimischen keinen Dank,
sondern nur unangenehme Gefühle erwarten. Als Urbild dieser Vorgän-
ge lässt sich die Missionsarbeit des irischen Mönchs Bonifatius anführen.
Bonifatius hat den Germanen ihren Götterglauben nehmen wollen, indem er vor ihren Augen eine ihnen heilige Eiche fällte. Die Germanen
glaubten, dass bei einer solchen Tat sich der Gott sofort fürchterlich
rächen würde. Nachdem der Baum gefällt war und nichts dergleichen
passierte, hätten die Germanen eigentlich von ihrem Aberglauben Abstand nehmen müssen. Dennoch wurde Bonifatius Jahre später von einigen von ihnen getötet. Die stark verkürzte Geschichte zeigt: Der Ikonoklast begibt sich auf eine gefährliche Bahn.

Die Modernen kann man Latour zufolge insgesamt als Ikonoklasten
bezeichnen, haben sie es sich doch zu ihrer Aufgabe gemacht, die Fetische
der »Wilden« zu zerstören, wobei sie, wie schon mehrfach erwähnt, im
eigenen Land selbst von morgens bis abends daran arbeiten, neue Dinge
und Bilder vielleicht sogar Fetische zu produzieren. Aus der Sicht der
anderen Kulturen wirken sie sowohl im Gewand der Moderne als auch
der Postmoderne gefährlich:

> **Zitat**
>
> *Und die anderen Kulturen können nicht einmal genau sagen, wann die
> Modernen am erschreckendsten sind: Wenn sie die Idole zermalmen und
> in Autodafés verbrennen? Oder wenn sie in aller Freiheit in ihren Labo-
> ratorien an Neuerungen arbeiten, ohne sich im mindesten um die Konse-
> quenzen zu scheren? Oder wenn sie sich auf die Brust klopfen und die
> Haare raufen, sich verzweifelt Buße auferlegen für die von ihnen began-
> genen Sünden und in ihren Museen, Filmen, Zufluchtsorten und Lebens-
> hilfebüchern die Ganzheit des verlorenen Paradieses wiederfinden wollen.
> (HP:343)*

In der Karlsruher Ausstellung *Iconoclash* ging es Latour zusammen mit
Peter Weibel darum, den Ikonoklasmus (Bildersturm) von Echnaton bis
zum 11. September 2001 als *Archäologie von Hass und Fanatismus* (I:9)
neu zu verstehen. Im Unterschied zum *Inkonoklast,* der die Götzen und

Bilder zertrümmert, wollten Latour und Weibel mit dem Begriff Ikono-
clash auf eine zögerlichere und vorsichtigere Denkhaltung in Bezug auf
die Bilder hinweisen, *ein Zögern, wie jeweils Bilderschöpfung und Bilder-
vernichtung zu interpretieren sei.* (I:31) Können wir überhaupt ohne Bilder
auskommen? In der Moderne wurden unendlich viele Götzen zerstört,
aber wurden dafür nicht auch unendlich viele neue geschaffen? Und hatten die Modernen nicht immer auch ein schlechtes Gewissen, wenn sie die
Bilder zerstörten? Sprechen dafür nicht die vielen Museen, in denen die
alten Götzenbilder aufbewahrt, restauriert und präpariert werden? *Sind
Museen nicht Tempel, in denen Opfer dargebracht werden als Entschuldi-
gung für so viel Zerstörung?* (I:13) Latour fragt, wie es dazu gekommen ist,
dass unsere Kultur eine Leidenschaft dafür entwickelt hat, Bilderstürmer
zu sein: *So sehr, dass Bilderstürmer zu sein, in Intellektuellenkreisen als
höchste Tugend, als höchste Frömmigkeit zu gelten schein?* (I:10)

Unter Berufung auf den Religionswissenschaftler Jan Assmann weist
er darauf hin, dass das Bilderverbot des jüdischen Monotheismus eine
gefährliche Kluft zwischen der reinen unsichtbaren Welt der Ideen und
der unreinen Welt der Symbole und Zeichen postuliert habe, gerade so
als gebe es einen unmittelbaren, durch keine Menschenhand vermit-
telten Zugang zur Wahrheit. Einen solchen gibt es aber laut Latour nicht.
Im Gegenteil gilt für die Wissenschaft: Je vermittelter, je aufwendiger die
Technik zur Wahrheitsproduktion, desto objektiver ist eine Tatsache.
Doch das jüdische Bilderverbot *Du sollst Dir kein Bildnis machen!* habe
sich bis in die moderne Kunst hin als Tendenz zur Abstraktion ausge-
wirkt. Moses' Forderung, die Götzenbilder und den Polytheismus zu
zerschlagen, sei einem Hass auf die Welt geschuldet gewesen und habe
einen Bildersturm entfesselt, der sich letztlich gegen die Kreativität und
Einbildungskraft richtete. Als das Vermächtnis des Bilderverbots – so
Latour – lasse sich eine Haltung begreifen, die gerade in der Zerstörung,
Lächerlichmachung und Auslöschung von versinnbildlichten fremden
Glaubensinhalten den besten Beweis für die Richtigkeit des eigenen
Glaubens sieht.

Es gelte aber trotz der spektakulären Gesten des Bildersturms zu erkennen, dass überall in den Wissenschaften, der Religion und in der
Kunst immer wieder neue Bilder produziert werden. Und der Begriff
Iconoclash will auch darauf hinweisen, dass wir keineswegs a priori wissen können, ob die von Menschenhänden produzierten Bilder nützlich
oder eher schädlich sind. *Ist es eine Hand mit dem Hammer, die im Begriff
ist zu denunzieren, zu entlarven, aufzudecken, bloßzustellen, zu enttäu-
schen, zu entzaubern, Illusionen aufzulösen, Luft rauszulassen? Oder ist es*

im Gegenteil eine achtsame und vorsichtige Hand, mit offener Handfläche, wie um Wahrheit und Heiligkeit zu ergreifen, herauszuholen, hervorzulocken in Empfang zu nehmen, hervorzubringen, aufzunehmen, aufrechtzuerhalten, zu sammeln? (I:19) Besonders in diesen Formulierungen zeigt sich eine gewisse Nähe Latours zu Heideggers Wahrheitsbegriff aletheia = griech. Unverborgenheit. Für Heidegger wie für Latour ist Wahrheit etwas Prozesshaftes. Nie handele es sich bei ihr um ein »eitles« Zeigen (Heidegger). Dass die Wahrheit produziert wird, muss man ihr Latour zufolge nicht etwa ankreiden. Im Gegenteil: (...) je mehr Menschen am Werk gezeigt werden, desto besser ihr Begreifen von Realität, Heiligkeit, Verehrung. (I:18)

Fünf unterschiedliche Typen von Bilderzerstörern unterscheidet Latour: Typ A wolle die Menschen von jeder Art von Bildnissen befreien, nicht nur von den falschen. *Du sollst dir kein Bildnis machen!* sei ihm das absolute Gebot. Zukünftig sollten nur noch die abstrakten Tatsachen zählen; sämtliche Vermittlungen zwischen der Wirklichkeit und dem Denken überwunden werden. Dieser Typ A wolle den unmittelbaren und objektiven Zugang zum realen Ding. Verkörpert finde sich dieser Typus (...) *in den vielen Byzantinischen, Lutherischen, revolutionären Bewegungen von Bilderstürmern und in den schrecklichen »Exzessen« der Kulturrevolution. Reinigung ist das Ziel.* (I:48) Typ B zerstöre zwar auch Bilder, glaube aber, dass man ohne die Bilder, die wir uns von den Dingen machen, nicht auskommen könnten. Er bekämpft nicht die Idole und Bilder als solche, sondern nur, wenn sie starr und unbeweglich werden. Typ B will sozusagen den Bildern das Laufen lehren. Um zur Wahrheit zu gelangen, müsse man von einem Bild zum nächsten übergehen. Jesus habe diesen Typ repräsentiert, als er die Händler aus dem Tempel jagte; auch Bach, als er eine neue Musik schuf und Malewitsch, als er sein schwarzes Quadrat malte *(...) um Zugang zu den kosmischen Kräften zu gewinnen (...).* (I:51) Latour selbst würde sich in diesen Typus des Bilderstürmers einreihen. Auch Typ C sei auf Entlarvung und Aufklärung aus. Doch anders als Typ A und B habe Typ C nichts gegen Bilder im Allgemeinen, sondern hasse nur diejenigen Bilder, an denen seine Feinde am stärksten hängen. Typ C verkörpert den Demonstranten, der voller Hass Fahnen verbrennt oder den Terroristen, der ein Passagierflugzeug in den Wolkenkratzer als Symbol des Kapitalismus rammt. Die Parole von Typ C lautet: *Sage mir, was dir am teuersten ist und ich werde es zugrunde richten, um dich schneller zu vernichten.* (I:53) Bei Typ D sei es so, dass er die Bilder vernichtet, ohne es eigentlich zu wollen. Er sei sich überhaupt gar nicht bewusst, dass er mit seinen Taten die Fetische der anderen zerstört. Als Beispiel führt Latour Restauratoren aller Art an, die es zwar gut meinten, aber mit ihren Projekten, ganze Städte ruinierten. *Das Leben ist nicht einfach: Obwohl sie Kunstwerke restaurierten, Städte verschönerten, archäologische Stätten wieder herrichteten, haben sie sie zerstört, sagen ihre Gegner, und so erscheinen sie als die schlimmsten Ikonoklasten, oder zumindest die perversesten.* (I:56) Bleibt schließlich noch Typ E als das einfache Volk, das gemäß Latour weder den Bildern noch ihren Zerstörern glaubt, sondern einen gesunden Agnostizismus pflege. Im Gegensatz zu den Behauptungen der Bilderstürmer glaube nämlich das einfache Volk gar nicht wirklich an die Fetische, sondern nur daran, dass man ohne sie nicht gut leben könne. Man brauche die Dinge, damit sich die Menschen nicht untereinander zerfleischten. Die Heiligkeit der Dinge lasse die Menschen für einen Moment von sich selber zurücktreten. Das Volk glaube also daran, dass man Dinge brauche, damit es unter den Menschen human zugehe. Kein normaler Mensch – so Latour – würde einem Fetisch mehr Macht als die eben erläuterte zusprechen wollen.

Wie lässt sich der Bilderkrieg beenden? Latour setzt sich ähnlich wie schon Karl Jaspers für ein In-der-Schwebe-Halten bei Wahrheitsfragen ein. Auch der andere könnte Recht haben bzw. Recht bekommen. Die Wahrheit steht nicht a priori fest, sondern muss immer wieder neu austariert und ausgekundschaftet werden, sie ist nur von Vorläufigkeit. Was heute als wahr gilt, kann es für die nächste Generation oder im nächsten Moment schon nicht mehr sein. Latour setzt sich für eine deutliche Abrüstung im Bilderkrieg ein. Wie fragil und oft zufällig es ist, was in der Geschichte von Bestand ist oder was andererseits in den Reißwolf der Vergessenheit gerät, sollte in der Ausstellung im Karlsruher Zentrum für Kunst- und Medientechnologie (ZKM) gleich die erste Installation verdeutlichen. Der kanadische Künstler Max Dean hatte hier einen Roboterarm aufgestellt, dessen Stahlfinger in eine Fotokiste greifen, ein Bild herausnehmen, gegen das Licht halten und dann in einen Reißwolf schieben. Doch den Besuchern war es freigestellt, mittels einer Fernbedienung dem mechanischen Bilderstürmer Einhalt zu gebieten und die Fotografien erneut dem Archiv zuzuführen. Der Roboter, der die Bilder in Stücke reißt, ist ein Ikonoklast in Aktion und der Besucher steht für den Zufall bzw. die Überraschung, die in einem Geschehen jederzeit möglich ist.

Immer wieder fragt Latour nach dem Warum des Hasses gegen die Bilder, ob es sich nun um die Zerstörung der Buddha-Statuen in Afghanistan oder brennende Synagogen in Frankreich handelt. Auch die ästhetische Moderne führte einen Krieg gegen das traditionelle Bild und den Sinn mit dem Ergebnis, dass dann nur noch die Abstraktion und die

Sinnlosigkeit übrig bleibt. Folgt man Latour, so war allen Avantgarden das Ressentiment gegen die Avantgarde zuvor nicht fremd. Die moderne Malerei ist in den Augen Latours vor allem die Geschichte der Zerstörung des Sinns. Gerade im 20. Jahrhundert sahen es die Künstler als eine Hauptaufgabe an, die malerische Oberfläche des Bildes zu zerstören. Doch wozu? Was war der Sinn dieses Ikonoklasmus? Latour möchte den Gestus der Dekonstruktion und des Nihilismus als einen Akt des Hochmuts gegenüber den Ansichten des einfachen Volkes oder den Glaubenssätzen anderer Völker entlarven. Doch ist Latour nicht in gewisser Weise selbst ein Bilderstürmer? Klärt er uns nicht über bislang unbekannte bzw. unbeachtete Zusammenhänge und Fakten auf? Es gehört zu Latour, dass er sich auch dieser selbstkritischen Frage stellt, und sich, wie oben erwähnt, zu dem Typ B unter den Bilderstürmern zählt.

Eine neue Soziologie für eine neue Gesellschaft

> *Ja, es waren Verhaltensmaßregeln. Der Abwaschfetzen,*
> *der über dem Wasserhahn lag, befahl ihm etwas. Auch der*
> *Verschluss der Bierflasche auf dem inzwischen sonst*
> *leergeräumten Tisch forderte ihn zu irgend etwas auf.*
> *(Peter Handke, Die Angst des Tormanns beim Elfmeter)*

In seinem Werk *Eine neue Soziologie für eine neue Gesellschaft* behauptet Latour, dass sich das Soziale längst schon verflüchtig habe bzw. in Wirklichkeit noch nie eine feste Größe oder gar Substanz gewesen sei. Vielmehr sei das Soziale ein riesiges Experimentierfeld, in dem die verschiedensten Akteure, wie z. B. Impfstoffe, neue politische Bewegungen, neue Berufsfelder usw. immer neue netzwerkartige Verbindungen eingehen. Die Gesellschaft gleiche einer riesigen Fabrikation immer neuer Verknüpfungen, Wechselwirkungen, Assoziationen der verschiedensten Entitäten. Die konventionelle Soziologie bestimmt die Vorstellung, dass der Kern des Sozialen gesellschaftliche Interaktionen und nicht etwa die Gegenstände der Technik oder andere Dinge sind. Aus dieser Sicht wird das Soziale durch das menschliche Bewusstsein, durch den subjektiv gemeinten Sinn des Handelns oder durch rationale Nutzenkalküle konstituiert. Auch der Pariser Soziologe Pierre Bourdieu sieht in Denk- und Wahrnehmungsformen der Akteure das wichtigste Binde- bzw. Unterscheidungsmittel unter den Menschen. Die Technik, die Dinge, die Tiere und Pflanzen spielen in seiner Soziologie ebenso wie in derjenigen von Max Weber oder Niklas Luhmann eine nur untergeordnete Rolle. Zwar könne die Technik das Handeln steigern oder hemmen, so Weber, aber an sich könnten die Technik und die Dinge keinen Sinn stiften. Für Niklas Luhmann kommt die Technik für die Soziologie nur als Umwelt dieses Systems in den Blick. Demgegenüber plädiert Latour in seiner neuen Soziologie dafür, die traditionelle Soziologie durch eine *sociology of associations* zu ersetzen. Soziale Zusammenhänge entstünden durch die unterschiedlichsten wechselseitigen Einwirkungen, Folgewirkungen und Rückwirkungen menschlicher wie nicht-menschlicher Entitäten.

Deshalb begegnet Latour in dem 2005 unter dem Titel *Reassembling the Social. An Introduction to Actor-Network-Theory, deutsch Eine neue*

Soziologie für eine neue Gesellschaft (2008) erschienenen Werk allen Versuchen mit Skepsis, die die Soziologie in intersubjektive[40] Interaktionen, individuellen Kalkülen, oder personaler Intentionalität (SG:349) begründen wollen. Auch System- oder Strukturtheorien des Sozialen werden von ihm zurückgewiesen. Beide Erklärungsweisen seien heute ungenügend, wenn es darum ginge, den Aspekt der Überraschung und der Unvorhersehbarkeit von sozialen Ereignissen zu bedenken.

Zitat

Wieso verschwinden kämpferische Armeen binnen einer Woche? Wieso lösen sich ganze Imperien wie das sowjetische in ein paar Monaten auf? Wieso gehen Firmen, die sich über die ganze Welt erstrecken, nach einem Vierteljahresbericht bankrott? Wieso kommen dieselben Firmen, in weniger als einem Jahr, wieder aus den roten Zahlen heraus und haben plötzlich einen drastischen Gewinn zu verzeichnen? Wieso verwandeln sich ruhige Bürger in revolutionäre Massen, oder wieso lösen sich grimmige Massenkundgebungen in eine fröhliche Menge freier Bürger auf? (SG:421)

Auf diese Erfahrungen, insbesondere den überraschenden Mauerfall 1989, habe die traditionelle Soziologie, indem sie das Soziale als System, Struktur oder gar Substanz auffasst oder sich auf die Face-to-face-Interaktionen konzentriert, keine Antwort gefunden. Für Latour ist die Hermeneutik (hier als unsichere Interpretation gemeint) nicht nur eine Eigenschaft von Menschen, sondern der Welt selbst. Die Welt sei eben nicht alles, was der Fall ist (Wittgenstein), sondern *ein riesiger Ozean von Ungewissheiten, durchbrochen von einigen Inseln kalibrierter und stabilisierter Formen.* (SG:421) Beim Zusammenhalt der Gesellschaft nur soziale Faktoren bzw. die Intentionen der Individuen oder strukturelle soziale Gesetze zu berücksichtigen, übersehe die real existierende Vielfalt der Akteure, die für überraschende Umbrüche verantwortlich sind. Wie das Londoner U-Bahn-System nur vor dem Rest der Gesamtstadt Londons Kontur gewinnt, funktioniere bzw. kollabiere das gesellschaftliche Band nur vor dem Hintergrund eines, wie Latour sagt, riesig großen Plasmas von meist unbekannten Faktoren: *Das Kleine hält das Große. Oder vielmehr, das Große könnte jeden Moment wieder im Kleinen ertrinken (...).* (SG:419)

Latours Soziologie der Netzwerke reagiert auf reale gesellschaftliche Entwicklungen, die hier mit dem Stichwort der Entgrenzung charakterisiert werden sollen. Während die *Große Transformation der Gesellschaft* (Karl Polany)[41] der Moderne in der Herausbildung einzelner Bereiche mit klaren Grenzziehungen und eigenen Systemlogiken (Wirtschaft, Gesellschaft, Nationalstaat, Recht, Politik) bestand, ist seit einiger Zeit zu beobachten, dass diese Grenzziehungen nicht mehr länger gültig sind. In der heutigen globalisierten Welt stehen wir vor einem Durcheinander der Grenzen, in der die Politik verwissenschaftlicht und die Wirtschaft politischen Erwägungen (Wirtschaftsblockaden usw.) unterworfen ist. Die Unterscheidung zwischen Frei- und Arbeitszeit, die Erosion der Familie, das Ausgreifen der Beriebe bis ins Privatleben, die Entwicklung des Internets führen dazu, dass die Grenzen immer durchlässiger und eine Abschottung bestimmter Bereich immer schwieriger wird. Indem sie darauf hinweist, dass unterhalb der Grenzziehungen ein Netzwerk von Hybriden existiert, scheint die Akteur-Netzwerk-Theorie eine adäquate Antwort auf diese Entwicklung gefunden zu haben.

Die Analyse des sozialen Handelns ist laut Latour alles andere als leicht, da fünf *Quellen der Unbestimmtheit* zu unterscheiden seien. Mit dem Ausdruck *Quellen der Unbestimmtheit* ist gemeint, dass wir es bei der Analyse des menschlichen Handelns nicht mit Eindeutigkeiten zu tun haben, sondern von der Macht der Relativität ausgehen müssen. Niemand weiß genau, was die Akteure miteinander verbindet. Dies bedeute nicht, dass die Suche nach Ordnung, Strenge und Struktur aufgegeben werden müsse. *Sie wird nur einen Schritt weiter in die Abstraktion verlagert, so dass den Akteuren gestattet wird, ihren eigenen differenten Kosmos zu entfalten (...)* (SG:45) Damit will Latour sagen, dass seine Netzwerksoziologie vorschnelle Herleitungen des menschlichen Handelns aus der Ökonomie, der Ratio, der Macht, des Kalküls usw. vermeiden will.

Erste Quelle der Unbestimmtheit – keine Gruppen, nur Gruppenbildungen
Das Kapitel über die erste Quelle der Unbestimmtheit – *Keine Gruppen, nur Gruppenbildungen* – beinhaltet eine Reflexion über den Begriff sozial bzw. Soziologie. Gemäß einer von Latour kritisierten Vorstellung ist das Soziale mit einer Substanz vergleichbar, die einer Sache irgendwie hinzukommt. So könne man zum Beispiel an einem Kunstwerk rein ästhetische Aspekte von solchen unterscheiden, die sozial bedingt sind. Ähnlich ließe sich bei einer wissenschaftlichen Theorie zwischen den rein wissenschaftlichen Aussagen und ihren sozial bedingten (meist falschen) Theorieanteilen unterscheiden. Diese Vorstellung des Begriffs sozial als eine Art Klebstoff von Handlungen oder Werken überlebe sich Latour zufolge in der heutigen immer komplexer werdenden Welt. Deshalb geht er zu einem anderen Verständnis des Begriffes sozial über. Latour zufolge gibt es ebenso wenig die Wissenschaft wie die Gesellschaft. Das Soziale sei nicht gegeben, sondern müsse erst hergestellt bzw.

immer wieder neu zusammengesetzt werden. Damit fühlt sich Latour der Tradition des Soziologen Gabriel Tarde – und nicht derjenigen des wesentlich berühmteren französischen Soziologen Émile Durkheim, der von »sozialen Tatsachen« und der Wirksamkeit eines Kollektivbewusstseins spricht, – verpflichtet.

Exkurs

Gabriel Tarde (1843-1904)

Gemäß Latour war der französische Soziologe Gabriel Tarde ein *Vorläufer für eine alternative Sozialtheorie.* (SG:32) Nach Tarde ist jedes Ding eine Gesellschaft. Man könne von tierischen Gesellschaften, von Zellengesellschaften, von atomaren Gesellschaften reden. Anstatt die Wirkkraft sozialer Gesetze überzuwerten, solle man sich in der Soziologie allmählich von den Einzeltatsachen zu allgemeineren Aussagen hinbewegen. Das Kleine dürfe nicht durch das Große und das Einzelne nicht durch das Ganze erklärt werden, sondern die Regelmäßigkeiten durch die Anhäufung kleiner elementarer Tatsachen. Latour: *In Tardes allgemeiner Sicht von Gesellschaften zeichnen sich menschliche Gesellschaften durch die kleine Anzahl der von ihnen mobilisierten Handlungsträger aus, im Unterschied zur Biologie und Physik, die mit Millionen oder Milliarden von Elementen zu tun haben.* (SG:239) Eine ganze neue soziale Bewegung könne mit Hilfe eines einzigen neuen Gedankens in einem einzigen Gehirn entstehen. Es komme für den Soziologen darauf an, diese konkreten Wege nachzuzeichnen. Wie weit breitet sich eine Bewegung durch Nachahmung aus, bis sie zum Stillstand kommt. Tarde war ein Gegner der Milieu-Theorie, die u. a. das Hervorkommen von Genies nicht erklären könne. Für ihn gibt es nur Individuen, die sich gegenseitig beeinflussen und von denen sich die einen nach den anderen richten, indem sie ihr Verhalten imitierten und somit weiterverbreiteten. Jedes Individuum ist im sozialen Miteinander wichtig, es wird von den anderen beeindruckt und beeindruckt selbst wieder andere. Von Émile Durkheim unterscheidet sich Tarde darin, dass er das gesellschaftliche Handeln nicht zu einer eigenen Wesenheit hypostasiert. Vor Latour hoben schon Deleuze/Guattarie in *Tausend Plateaus* das Werk des – lange vergessenen – Tarde wieder hervor. Tarde betrieb im Gegensatz zur Makrosoziologie Émile Durkheims, der sich mit kollektiven Vorstellungen beschäftigte, eine Mikrosoziologie. *Tarde wandte ein, dass kollektive Vorstellungen genau das voraussetzen, was erklärt werden soll, nämlich ›die Ähnlichkeit von Millionen Menschen‹. Deshalb interessierte Tarde sich mehr für die Welt im Detail oder für das unendlich Kleine: die kleinen Nachahmungen, Gegensätze und Erfindungen ...*[42]

Um seinen Begriff einer neuen Soziologie der Assoziationen näher zu erläutern verweist Latour auf die Etymologie des Wortes sozial. Das lateinische Wort *socius* bezeichnet einen Gefährten, einen Gesellschafter. Das heißt, dass Latour das Soziale nicht als einen bestimmten Bereich, eine bestimmte Sphäre oder gar Substanz, sondern als eine *sehr eigentümliche Bewegung des Wiederversammelns und erneuten Assoziierens* (SG:19) definiert. Ihn interessiert, wie sich bestimmte Konstellationen oder Konglomerate aus Menschen und Dingen – Netzwerke – in den Wissenschaften, der Kunst, der Ökologie ausdehnen und das Leben einer bestimmten Anzahl von Menschen beeinflussen. Für die Assoziation oder die Dissoziation von Gruppen können die unterschiedlichsten Faktoren – zum Beispiel auch Viren – verantwortlich sein.

> *Zitat*
>
> *Die wegen des SARS-Virus unter Quarantäne gestellten Menschen lernten auf schmerzliche Weise, dass sie sich nicht länger auf dieselbe Weise mit ihren Verwandten und Partnern ›assoziieren‹ konnten, und zwar aufgrund der Mutation dieses kleinen Biests, dessen Existenz durch die riesige Institution der Epidemiologie und Virologie offenbart worden war. (SG:20)*

Menschen können die unterschiedlichsten Gruppierungen eingehen und sich mit den unterschiedlichsten Kräften zusammentun: mit Engeln, mit der Mutter Gottes, mit ihrem Gehirn (vgl. Sartres' »Ich habe ein Gehirn aus Gold«, als sich sein Sekretär besorgt über seine finanzielle Lage äußerte). Diese Gruppierungen dürfen nicht einfach mit einem lapidaren Hinweis – z. B. als durch soziale Kräfte bewirkt – wegerklärt werden. Denn seit den Tagen Antigones, so Latour, wüssten wir, was es heiße, wenn jemand von Kräften und Befehlen von Göttern regiert wird, die eben nicht den sozialen Befehlen eines Herrschers – in diesem Fall Kreons – entsprächen. Sozial ist Latour zufolge also kein allen Begebenheiten vorgelagerter Bereich, sondern *Sozial zu sein ist (...) eine Bewegung, die dabei scheitern kann, eine neue Verbindung vorzuzeichnen und eine wohlgebildete Assemblage neu zu formen.* (SG:21)

Was eine Gruppe ausmacht, stehe nicht von vornherein fest, sondern müsse durch ständige Anstrengungen neu bestätigt werden. Latour unterscheidet vier Merkmale, die zur Bildung einer Gruppe gehören. 1. Gruppen existierten nicht von sich aus, sondern um eine Gruppe zu bilden brauche man einen oder mehrere Sprecher, die der Gruppe erst zum Ausdruck verhelfen. Ob es sich nun um Globalisierungsgegner, feministische Hundebesitzerinnen in Kalifornien, Kosovaren im früheren Serbien handele: Überall brauche man Sprecher, die ein Konglomerat von Menschen erst zu einer Gruppe formten. Nicht einmal ein Individuum sei eine Einheit nur aus sich heraus, sondern benötige andere, die ihm helfen, sich selbst zu definieren z. B. Ermahner, Väter, Mütter, Erzieher, Lehrer usw. Wenn das schon auf der Ebene des Individuums gelte, wie viel mehr konstituiere sich jede Gruppe erst durch einen oder mehrere Sprecher? 2. Eine Gruppe definiere sich in erster Linie über ihre Differenzen zu anderen Gruppen. *Wenn irgendeine Bindung betont wird, so erfolgt stets ein Vergleich mit anderen konkurrierenden Bindungen.* (SG:59) 3. Wenn sich eine Gruppenbildung in einem bestimmten fortgeschrittenen Stadium befinde, bemühten sich in der Regel eine Anzahl von Leuten, die engere Substanz der Gruppe eindeutig zu definieren. *Jede Gruppe, wie klein oder groß auch immer, braucht einen limes wie den mythischen, den Romulus um das entstehende Rom zog.* (SG:60) 4. Schließlich gebe es heute keine Gruppenbildung, ohne dass die Wissenschaft, also die Soziologie, diese Gruppenbildung irgendwie berücksichtigen bzw. untersuchen würde. Es sei falsch anzunehmen, dass es hier die Gruppe gebe und dort die Soziologen, die diese Gruppe beschreiben. Vielmehr gingen Gruppenbildungen Hand in Hand mit ihren entsprechenden wissenschaftlichen Beschreibungen. Latour fasst seine Gedanken in Bezug auf die Gruppenbildung in die Formel: *Ohne Arbeit keine Gruppe!* (SG:62)

Im Unterschied zur traditionellen Soziologie betont Latour damit den *performativen* – und nicht den *ostentativen* Charakter von soziologischen Begriffen wie zum Beispiel Gruppe, Klasse, Gesellschaft usf. Soziologische Begriffe könnten nicht so bezeichnen wie zum Beispiel der Begriff »Tasse«, der dadurch erläutert werden kann, indem man – ostentativ – auf eine Tasse zeigt. Gruppen seien nichts Feststehendes, sondern müssten fortwährend erzeugt, konstituiert und zusammengehalten werden. In der traditionellen Soziologie wird davon ausgegangen, dass Klassen, Gruppen, Stände, Nationen, Geschlechter eine eigene Substanz, Kraft oder Macht sind, allein schon deshalb, weil sie über einen längeren Zeitraum existierten und das Leben der Individuen bestimmten. Im Gegensatz dazu staunt Latour erst einmal darüber, dass es überhaupt Gruppen über einen längeren Zeitraum gibt. Er betont das Fragile und Vorübergehende von Gruppenbildungen und dass bestehende Gruppen jederzeit von Zerfall und Umbau betroffen sind. Der performative Ansatz in der Soziologie lenkt die Aufmerksamkeit auf die Handlungen und

Einstellungen der Gruppenmitglieder und was sie jeweils tun müssen, um zur Gruppe weiterhin dazu zu gehören bzw. damit die Gruppe weiterhin besteht.

Um seinen Neuansatz einer Soziologie der Assoziationen von der alten Soziologie der Interaktionen weiter zu klären, differenziert Latour in Bezug auf die Bindungsprozesse einer Gruppe die Begriffe *Mittler* und *Zwischenglied*. Die traditionelle Soziologie betrachtete Symbole, Feste, Zeichen, Gesten, Riten einer Gemeinschaft eher als Manifestationen eines feststehenden sozialen Bandes, so als seien sie zwar nützlich für den Zusammenhalt der Gruppe, doch letztlich auch entbehrlich, weil die Kohärenz der Gruppe alleine schon durch Klasseninteressen, Blutsbande, gemeinsame Interessen usw. genügend gesichert sei. Demgegenüber betont Latour, dass Symbole, Feste, Riten, Zeichen nicht als bloße Zwischenglieder, sondern als aktive *Mittler* aufgefasst werden müssen, die unter den Menschen durch ihr Wirken die Gruppenbindungen erst in jedem Moment neu entstehen lassen. Sie seien keinesfalls zu entbehrende Elemente im Gruppenprozess, sondern konstituierten immer wieder aufs Neue die soziale Gemeinschaft; ja erst sie ließen sie stets wieder neu entstehen. Ohne Mittler keine Gruppe! Den Unterschied zwischen den Begriffen *Mittler* und *Zwischenglieder* führt Latour folgendermaßen aus:

> Zitat

Die Nuance mag rein akademisch erscheinen, doch ihre Auswirkungen sind drastisch. Wenn beispielsweise ein sozialer Unterschied ›ausgedrückt wird in‹ einem oder ›projiziert wird auf‹ ein Detail der Mode, dieses Detail jedoch – sagen wir Seiden- anstatt Nylonglanz – als ein Zwischenglied verstanden wird, das eine soziale Bindung getreu transportiert – ›Seide ist für die herrschende Klasse‹, ›Nylon für die Unterdrückten‹ –, dann hat man das Detail des Stoffes vergeblich herbeibemüht. Es wurde zu rein illustrativen Zwecken mobilisiert. Sogar ohne chemische Differenz zwischen Seide und Nylon hatte der soziale Unterschied zwischen Herrschenden und Beherrschten irgendwie existiert; er wurde bloß von einem Stück Stoff ›repräsentiert‹ oder ›reflektiert‹, das vollkommen indifferent bei der Bildung des Unterschieds blieb. Wenn dagegen die chemischen Unterschiede und die der Herstellung als ebenso viele Mittler behandelt werden, dann könnte es sein, dass ohne die vielen materiellen Nuancen zwischen dem Berühren, dem Anfühlen, der Farbe, dem Glanz von Seide und Nylon diese soziale Differenz überhaupt nicht existiert hätte. (SG:71f)

Anhand der Metapher des Supermarktes verdeutlicht Latour die Differenz zwischen der traditionellen Definition des Sozialen als *sozialer Bindung* und der Netzwerksoziologie als der *Assoziationen* menschlicher und nicht-menschlicher Wesen. In der alten Soziologie wurde das Soziale als eine Art Kitt bzw. Klebstoff oder Draht usw. aufgefasst, der die Menschen untereinander verbindet. *Im Prinzip könnte man in einen imaginären Supermarkt hineingehen und auf ein Regal voller ›sozialer Bindungen‹ deuten, während in anderen Gängen ›materielle‹, ›biologische‹, ›psychologische‹ und ›ökonomische‹ Verbindungen in den Regalen zu finden wären.* (SG:111) Die ANT fasst den Begriff sozial, wie schon erwähnt, völlig anders; nicht als Stoff oder Klebstoff, sondern in ihr ist das *Soziale* eine Bezeichnung für (...) *eine Assoziation zwischen Entitäten, die in keiner Weise als soziale erkennbar sind, außer in dem kurzen Moment, in dem sie neu zusammengruppiert werden. Um in der Metapher des Supermarkts zu bleiben: Wir würden mit ›sozial‹ nicht irgendein Regal oder einen Gang bezeichnen, sondern die vielfachen Modifikationen, die an diesem Ort bei der Organisation all der Güter vorgenommen worden sind – ihre Verpackung, ihre Preise, ihre Etikettierung; denn diese winzigen Verschiebungen zeigen dem Beobachter, welche neuen Kombinationen erkundet und welche Pfade eingeschlagen werden (...) Also bezeichnet ›sozial‹ für die ANT einen besonderen Typ von Assoziationen zwischen bislang ›unassoziierten‹ Kräften.* (SG:112) In der ANT wird die Bindekraft einer Gruppe nicht als gegeben vorausgesetzt. Umgekehrt müsse man sich wundern, wieso gesellschaftliche Gruppen so dauerhaft seien. Ohne die nicht-menschlichen Akteure wäre das nach Latour gar nicht vorstellbar. Ohne die Dinge und Gegenstände würde keine Gruppe sehr lange beisammenbleiben; zu stark seien die zentrifugalen Kräfte unter den Menschen, die sich eben gerne auch bekämpfen und neue Verbindungen eingehen. Latour zufolge sind es die Assoziationen von Akteuren und Aktanten, die die Gruppen aneinander binden.

Zweite Quelle der Unbestimmtheit – Handeln wird aufgehoben
Unbestimmt – so Latour – sei nicht nur die Substanz dessen, was eine soziale Gruppe ausmache, sondern auch wie soziales Handeln zustande komme (Zweite Quelle der Unbestimmtheit). Latour kritisiert es, Menschen als die autonomen Schöpfer ihrer Handlungen zu begreifen. Er spricht nicht von autonomen Subjekten, sondern von Akteuren, ein Begriff, der an Bühnenpersonal erinnert, ganz nach einem Buchtitel von Erving Goffman aus den 60er Jahren: *Wir alle spielen Theater.*[43] Wie bei einer Theateraufführung könne man auch einen Handlungsträger in den

konkreten gesellschaftlichen Prozessen in vielen verschiedenen Hinsichten betrachten. Wir fragen ja nicht nur, ob jemand Herr seiner Entschlüsse ist, sondern beurteilen eine Aktion danach, in welchem Kontext sie steht, ob sie gut ausgeführt, wie sie gespielt wurde usw. Manchmal handeln Figuren in einem Theaterstück überraschend, ein Aspekt, der im wirklichen Leben und dessen soziologischer Interpretation nicht übersehen werden darf. Jesus´ Worte am Kreuz *Denn sie wissen nicht, was sie tun!* werden für Latour zu einem Sinnbild dafür, dass wir unsere Handlungen und ihre Auswirkungen nie vollständig überblicken können und ihnen immer etwas Rätselhaftes anhaftet.

Eigentlich handeln wir nie so, wie wir wollen, doch woran liegt das, und was sind die Kräfte, die uns so handeln lassen, wie wir nun einmal handeln? Nach Latour ist es aussichtslos sich hier letzte Transparenz und Klarheit verschaffen zu wollen. *Handeln ist definitionsgemäß nicht lokalisierbar, sondern stets verlagert, verschoben, dislokal.* (SG:82) Am sinnvollsten sei es noch, geduldig den jeweiligen Einflüssen und Kräften nachzuspüren, die eine konkrete Aktion beeinflusst haben. Das heißt jedoch nicht, dass es sich ein Soziologe leisten könnte, über die Selbstinterpretationen der Akteure hinwegzusehen. Im Gegenteil! Der skeptischen Annahme, dass die Akteure nichts über ihre eigentlichen Handlungsmotive wüssten, ist selbst mit Skepsis entgegenzutreten. *Wir müssen lernen, den Fehler zu vermeiden, den verwickelten Hervorbringungen der Akteure nur zerstreut zuzuhören und ihre schrägen, verschnörkelten und idiosynkratischen Begriffe zu ignorieren, während wir allein jene verfolgen, die in der Hinterwelt des Sozialen hoch im Kurs stehen.* (SG:83) Wie schon erwähnt, ist es ein erklärtes Ziel Latours und der ANT, die Meinung der »einfachen Leute« gegenüber den Expertenmeinungen wieder ernster zu nehmen.

Dritte Quelle der Unbestimmtheit – Welche Aktion für welche Objekte?
Die dritte Quelle der Unbestimmtheit in der Soziologie bezieht sich auf das in der ANT im Vergleich zur traditionellen Soziologie erheblich erweiterte Spektrum der Akteure. Was ist genauer darunter zu verstehen, wenn Latour immer wieder darauf hinweist, dass die alte Unterscheidung zwischen Natur und Gesellschaft bzw. zwischen Subjekt und Objekt überwunden oder besser gesagt ignoriert werden sollte? Nun, Latour weist darauf hin, dass in Handlungsprozessen von Menschen die Dinge nicht übergangen werden dürfen. Dinge sind kein bloßer Hintergrund um soziale Handlungen zu erklären. Dinge *determinierten* zwar nicht das Handeln – wie man Marx´ Basis-Überbau-Theorem interpretieren

könnte[44] –, aber sie sind auch nicht nur reines Beiwerk sozialer Aktionen. *Außer zu ›determinieren‹ und als bloßer ›Hintergrund für menschliches Handeln‹ zu dienen, könnten Dinge vielleicht ermächtigen, ermöglichen, anbieten, ermutigen, erlauben, nahelegen, beeinflussen, verhindern, autorisieren, ausschließen und so fort.* (SG:124) Es mache einen Unterschied, ob man einen Nagel mit oder ohne einen Hammer einschlagen wolle, Wasser mit oder ohne einen Wasserkessel kochen wolle, durch die Straßen mit oder ohne Kleider gehe, ein Fernsehgerät mit oder ohne Fernbedienung nutze. Geräte seien wichtige Teilnehmer in Handlungsverläufen. Die Fernbedienung erleichtere nicht nur das Zappen, sie könne auch dazu führen, dass jemand zum couch potato werde, weil er sich kaum noch bewege.

Warum haben die Soziologen gerade zu dem Zeitpunkt so hartnäckig die Bedeutung der Dinge im Zusammenleben der Menschen herunterzuspielen versucht, als seit der industriellen Revolution sich deren Anzahl bis ins Unermessliche steigerte? Gegen die traditionelle Soziologie ist Latour der Auffassung, dass man zwar im tierischen aber nicht im menschlichen Zusammenleben die Dinge unberücksichtigt lassen dürfe. Eine Studie der Tierforscherin Shirley Strum habe gezeigt, dass man das Sozialverhalten von Pavianen studieren könne, auch ohne groß auf die Bedeutung von Dingen einzugehen. Weil Paviane sich einander zum Überleben brauchten, »handelten« sie schon früh ein soziales Verhalten »aus«. Paviane formieren ihre Sozialbeziehungen ausschließlich durch Face-to-face-Interaktionen, in denen keinerlei Ding-Technik eine Rolle spielt. Die Selektivität ihrer Interaktion wird allein mit den Mitteln der Interaktion selbst festgelegt. Wenn sich zwei Paviane in einer bestimmten Interaktionssituation befinden – sich zum Beispiele gegenseitig lausen – und dabei von einem Rivalen gestört werden, können sie ihre ursprüngliche Tätigkeit nur durch das Vertreiben des Störenfriedes, also einer Face-to-face Beziehung wieder herstellen.

Latour zufolge sind aber Sozialbeziehungen, die ausschließlich auf sozialer Interaktion basieren, instabil und für Störungen jeder Art anfällig. Bei Menschen – so Latour – sei es nicht möglich, sich auf die reinen sozialen Beziehungen zu konzentrieren, weil das Verhalten von Menschen stark von den Dingen gelenkt werde. Primatengesellschaften hingegen beruhten ausschließlich auf sozialen Strukturen der direkten Interaktion. Die Einhaltung ihrer Rangordnung und Kooperation unterlägen der beständigen Erprobung, Erneuerung, Wiederholung, Reparatur oder Neubestimmung, was mühselige und zeitraubende Rituale der beteiligten Tiere notwendig mache. Das Leben der Affen biete geradezu einen negativen Anschauungsunterricht, wie *eine soziale Gesell-schaft*, d. h eine Gesellschaft, die ausschließlich aus den sozialen Interaktionen ihrer Mitglieder besteht, aussehen würde. Erneut sei zu betonen, dass erst die Dinge und die Technik die soziale Welt der Menschen konstruierten. Türschließer, Schlüsselanhänger, Reagenzgläser, Schreibpapier, Computer stabilisieren – so Latour – die Welt des Menschen mehr als die ständigen Kontrollen in den unmittelbaren Face-to-face Beziehungen. In diesem Zusammenhang kritisiert Latour, wenn das gesellschaftliche Handeln vor allem auf den Machtaspekt reduziert wird. Eine solche Tendenz stellt er bei Michel Foucault fest:

Exkurs

Latour und Foucault

Latour zufolge war Foucault bei seinen soziologischen Untersuchungen zu sehr auf den Begriff der Macht fokussiert. Zwar habe Foucault gesehen, dass sich die Macht nicht nur in der Befehlsgewalt, sondern genauso in Unausgesprochenem, z. B. der Anordnung von Gegenständen oder Sitzordnungen in Fabrikgebäuden, Kliniken, Klassen-, Büroräumen ausdrückt.[45] Doch im Laufe der Foucault-Rezeption sei dieser wichtige Aspekt seiner Arbeit vergessen worden. *Niemand hat so präzise wie er (Foucault R.R.) noch die winzigsten Bestandteile, aus denen sich Macht zusammensetzt, analytisch zerlegt, und niemand war kritischer gegenüber sozialen Erklärungen. Und doch wurde aus Foucault, kaum war er ins Amerikanische übersetzt, sofort jemand, der Machtbeziehungen* hinter *jeder noch so harmlosen Aktivität ›enthüllte‹: Wahnsinn, Naturgeschichte, Sex, Administration etc.* (SG:148, Anm. 41) Das heißt, dass Latour zufolge Foucault gelesen wurde wie ein Philosoph des Verdachts, obwohl Foucault in seinen Analysen, wie zum Beispiel seiner berühmten Studie über die Geburt der Klinik aus dem Jahre 1963 – *Die Geburt der Klinik Eine Archäologie des ärztlichen Blicks* – sehr wohl die Bedeutung des Ortes, der Dinge, des Arrangements, der Körperlichkeit zu berücksichtigen wusste. Gegen Foucault fordert Latour bei soziologischen Untersuchungen: *›Machtnüchtern sein!‹ Mit anderen Worten: enthalte dich soweit wie möglich der Verwendung des Machtbegriffs, denn er könnte zurückschlagen und die eigenen Erklärungen treffen anstatt das Ziel, das du zerstören willst.* (RD:72)

Woran kann man besonders gut festmachen, dass die Dinge einen starken Einfluss auf die Menschen haben? Latour nennt fünf solcher Situationen, an denen die ANT-Feldforscher ansetzten können. Erstens sei insbesondere bei technischen Innovationen zu beobachten, welchen großen Einfluss die Dinge auf das Sozialgefüge haben. Zweitens werde in allen Situationen, in denen sich Substanzen, Gegenstände oder Geräte als kompliziert erweisen und wir zum Beispiel erst eine Gebrauchsanweisung bzw. ein Benutzerhandbuch benötigten, um sie nutzen zu können, ihre Bedeutung klar. Eine dritte Gelegenheit, sich der Macht der Dinge bewusst zu werden, bieten Pannen, Unfälle und Defekte jeder Art. Plötzlich bemerken wir, dass die Dinge ihren Dienst auch verweigern können. Viertens könne eine Reflexion auf die Entstehung der Dinge verdeutlichen, wie wichtig sie sind bzw. für die Entwicklung der Menschheit waren: *Sogar die schlichtesten und ältesten Steinwerkzeuge aus der Olduvai-Schlucht in Tansania sind von Paläontologen in Mittler verwandelt worden, die für die Evolution des ›anatomisch modernen Menschen‹ verantwortlich sind.* (SG:141) Schließlich und fünftens könnten Soziologen von Künstlern lernen, wie man durch die Verwendung von Gedankenexperimenten, Visionen oder *Szientfiktionen* (SG:141) die Gegenstände zum Sprechen bringen könne.

Vierte Quelle der Unbestimmtheit – Unbestreitbare Tatsachen versus umstrittene Tatsachen
Bisher ging Latour von drei Schwierigkeiten aus, um *dem flüchtigen Sozialen* (SG:150) auf die Spur zu kommen. Die erste bezog sich auf den Begriff der Gruppe, den man durch den »weicheren« Begriff der Gruppenbildung ersetzten müsse; die zweite auf die Vorstellung eines autonomen Subjekts, dessen Handlungen sich in Wirklichkeit nur aus vielen Faktoren heraus erklären lasse. Die dritte Schwierigkeit ergab sich daraus, dass das »Soziale« sich nicht aus face to face Interaktionen, sondern nur aus langen *Ketten von Vermittlungen durch Objekte jeglicher Natur (...)* (SG:150) herleiten lasse. Als nächstes fügt Latour diesen drei Quellen der Unbestimmtheit noch eine vierte hinzu. Es handelt sich um den – umstrittenen – Tatsachenbegriff in der ANT. Dabei geht es ihm erst einmal darum, den in der Epistemologie vielfach missverstandenen Begriff der Konstruktion zu erläutern.

> ### Exkurs
>
> **Latour und der Konstruktivismus**
> Für den chilenischen Erkenntnistheoretiker und Biologen Humberto Maturana (geb. 1928) bezeichnet der Begriff *Autopoiese* (griech. *Autos* und *poiein* – *Selbstgestaltung, Selbstorganisation, Eigenschaft von Systemen unter Beibehaltung ihrer Struktur sich selbst zu erneuern*), dass Wahrnehmungen und

äußere Einflüsse für die Erkenntnis weniger bedeutsam sind als die innere Struktur eines Erkenntnisorgans z. B. die *»Konfiguration von Aktivitätszuständen im Nervensystem«*[46]. Unsere Vorstellungen seien keine bloßen Abbilder, sondern aktive »Konstruktionen« unseres Gehirns. Dass unsere Vorstellungswelt keine bloße Widerspiegelung der Außenwelt, sondern aktiv produziert wird, führte in der Folge zu dem Missverständnis, dass wir laut Konstruktivismus in erfundenen Scheinwelten ohne Objektivität lebten. Doch konstruktivistische Systeme sind, worauf Latour ebenso wie der Soziologe Peter Fuchs hinweist, *keine Münchhausiaden. Sie sind in jedem Punkt an eine vorausgesetzte Welt gebunden, deren Kontinuum sie nur in der Hinsicht unterbrechen: im Moment der Autopoiesis.*[47] Latour stellt heraus, dass es bei der Konstruktion von wissenschaftlichen Tatsachen nicht darum geht, ob sie objektiv der Wirklichkeit entsprächen oder nicht, sondern ob es sich um gute, solide oder eine schlechte Konstruktionen handele. Wie auf einer Baustelle Häuser oder andere Bauwerke errichtet werden, würden in einem Labor, bei der Feldforschung oder in einem Arbeitszimmer wissenschaftliche Tatsachen hergestellt. Und wie einem vielleicht bei den ersten Spatenstichen an einer neuen Großbaustelle das Gefühl beschleicht, dass bei diesem Bauvorhaben auch etwas schief gehen oder zumindest anders als erwartet verlaufen könnte, so könne auch der Betrachter einer wissenschaftlichen Forschung *[...] die irritierende und erfrischende Empfindung [haben], dass die Dinge anders sein könnten, oder zumindest, dass sie immer noch scheitern könnten [...]* (SG:153) Nur in diesem Sinne begreift Latour die wissenschaftlichen Tatsachen konstruiert, und nicht etwa, dass sie von der Gesellschaft erfunden wurden und deshalb nicht »objektiv« seien.

Latour reagiert verärgert auf den Vorwurf, dass seine Feldforschungen in Bezug auf die Wissenschaften – also die *science studies* – dem Relativismus das Wort geredet hätten. Mit Gilles Deleuze – und man könnte hinzufügen mit Friedrich Nietzsche[48] – betont er, dass es ihm nicht darum geht, die Relativität der Wahrheit hervorzuheben, sondern die Wahrheit der Relativität herauszustellen, was etwas anderes sei.

Exkurs

Gilles Deleuze

Gilles Deleuze gilt als Denker der Differenz, d. h. er vertritt im Unterschied zu den Schulen des Verdachts, die philosophische Position, dass Verschiedenes nicht auf Identisches zurückzuführen sei. Damit distanziert er sich von allen Gesamtdeutungen des Daseins und vertritt eine Philosophie der Zerstreuung.

Mit Felix Guattari verfasste er eines der wichtigsten Bücher der Postmoderne: den *Anti-Ödipus*[49]. In ihm führen die Autoren aus, dass in uns keineswegs ein die Sinneswahrnehmungen vereinheitlichendes souveränes Ich oder der Verstand herrschten, sondern im Sinne von Nietzsches *Wille zur Macht* diverse *»Wunschmaschinen«* jeweils um die aktuelle Vorherrschaft stritten. Wie Latour versuchen die beiden Autoren einen Standpunkt jenseits von Subjekt und Objekt, Natur und Gesellschaft zu finden. *Nicht Mensch noch Natur sind mehr vorhanden, sondern einzig Prozesse, die das eine im andern erzeugen ...*[50] Deleuze spricht von *tausend Passivitäten und Durcheinander, wo gestern das souveräne Ich herrschte.*[51] Mit dem aus der Biologie stammenden Begriff des *Rhizoms*[52] argumentieren die beiden Autoren für ein neues nicht mehr hierarchisch aufgebautes, sondern netzwerkartiges Denken. *Rhizom* bezeichnet ein weitverzweigtes Wurzelwerk ohne Hauptwurzel (z.B. bei Pilzen), mithin ein unorganisiertes oder chaotisches Netzwerk von Beziehungen und gegenseitigen Beeinflussungen. Auch der Mensch sei *rhizomatisch* zu verstehen. Das führt zu einer Kritik an der herkömmlichen Psychoanalyse à la Freud, die diese rhizomartige Struktur beschneide, in dem sie menschliches Verhalten, das eigentlich rhizomatisch-chaotisch ist, in eine feste Begriffsstruktur (Ich-Es-Über-Ich) einfügen will. In der europäischen Kultur habe schon zu lange in Bezug auf die Wissenschaften und den Aufbau der Gesellschaft das Bild des Baumes vorgeherrscht – z. B. Descartes´ berühmter Baum des Wissens – wonach das Mannigfaltige aus einer Einheit z. B. dem Kern eines Samens erfolgt. Im Vordergrund des europäischen Denkens steht das Eine, wie etwa bei dem spätantiken Philosophen Plotin, bei dem sich alles Seiende aus dem *Einen* – weil dieses *Eine* wegen seiner Vollkommenheit überströmen musste – ergibt. Ein Rhizom hingegen ist ein unterirdischer Spross einer Pflanze, der sich in seiner Verästelung nicht linear, sondern nach allen Seiten hin ausbreitet. *Jeder beliebige Punkt eines Rhizoms kann und muss mit jedem anderen verbunden werden. Ganz anders dagegen der Baum oder die Wurzel, wo ein Punkt und eine Ordnung festgesetzt werden.*[53] Die abendländische Philosophie, so Deleuze, definierte die Differenz auf die Negation hin, das heißt, dass die Differenz nicht an sich wichtig ist, sondern nur für den Fortschritt ein wertvoller Widerspruch. Die Differenz ist bei Hegel der Stachel, damit die Vernunft nicht einschläft, der Geist der stets verneint und stets das Gute schafft (Goethe, Faust). Für Deleuze gibt es jedoch keine überzeitliche Wahrheit, kein universales Fortschrittsprinzip. Seine Philosophie orientiert sich an Begriffen wie *Ereignis* und *Singularität*. In der Nachfolge von Nietzsche geht es ihm um einen umgekehrten Platonismus. In ihrem Werk *»Tausend Plateaus«*[54] entwarfen Deleuze/Guatteri eine grandiose Apotheose des Vielen: *Die Mannigfaltigkeiten sind die Realität, sie setzen keine Einheit voraus, gehen in keine*

Totalität ein. Und gehen erst recht nicht auf ein Subjekt zurück.[55] In seiner Philosophie des Multiplen[56] begreift Deleuze die Sprache nicht in ihrer Abbildfunktion in Bezug auf die Realität, sondern als eine Äußerungsmaschine. Das was gesprochen wird, sei stets lokal und kontextabhängig. Deleuze ermuntert dazu, sich der von ihm geschaffenen Begriffe wie aus einer Werkzeugkiste zu bedienen, um mit ihren Funktionsweisen in neuen Gefügen, Konstellationen des Denkens und Handelns zu experimentieren.

Weil es nicht die eine, absolute Wahrheit gibt, sei es, so Latour, umso wichtiger sorgfältig zwischen verschiedenen Wegen die Wahrheit zu finden und verschiedenen Wahrheitsansprüchen zu unterscheiden. Die Feldforschungen der science studies hätten gezeigt, dass wissenschaftliche Tatsachen gerade nicht sozial konstruiert seien. Die Wissenschaftssoziologie kann vielleicht erklären, weshalb eine gegebene Kultur so lange an irrtümlichen Annahmen über die Natur festhielt – zum Beispiel weil es im Interesse einer herrschenden Klasse oder der Kirche lag, dass sich die Sonne um die Erde dreht und nicht umgekehrt. Sie könne jedoch nicht erklären, was am harten Kern des Gravitationsgesetzes gesellschaftlich bedingt sein soll (bis auf die triviale Tatsache, dass es von Menschen in einer bestimmten Epoche entdeckt wurde). Latour behauptet, dass man soziale Erklärungen höchstens bis an den Rand, niemals aber bis in den Kern des wissenschaftlichen Geschehens transportieren kann. Pasteur mag zwar konservativ gewesen sein, aber diese Einstellung bringe einem bei der Untersuchung, wie die Bakteriologie historisch genau entstand, nicht wesentlich weiter. Das heißt natürlich nicht, dass wissenschaftliche Tatsachen unstrittig sind, wie die Diskussionen und Kontroversen unter Wissenschaftlern um die Erforschung der Auswirkung eines bestimmten Erbmaterials auf das menschliche Verhalten beweisen. Wissenschaftliche Fakten sind demnach weder sozial konstruierte Fetische noch unbestreitbare Basissätze.

Zitat

Die Objekte (z. B. die in einem Labor entdeckten Mikroben R.R.) sind viel zu stark, um als Fetische zu fungieren, und viel zu schwach, um als unstreitige kausale Erklärung irgendeiner unbewussten Handlung behandelt zu werden. Und dies trifft nicht nur bei wissenschaftlichen Sachverhalten zu; dies ist unsere große Entdeckung (...) Wenn man erst verstanden hat, dass die wissenschaftlichen Objekte nicht sozial erklärt werden können, dann hat man auch verstanden, dass die sogenannten schwachen Objekte, diejenigen, die sich für die Anklage des Antifetischismus anzubieten schei-

nen (z. B. Mythen, Religionen, Kunstwerke R.R,) ebenfalls niemals bloße Projektionen auf einen leeren Schirm waren.[57] Auch sie agieren, auch sie tun etwas, auch sie lassen uns etwas tun. (EK:45f)

Latour plädiert dafür, die schlechte Alternative, Dinge, die uns am Herzen liegen, entweder als Fetische oder als Fakten zu betrachten hinter uns zu lassen. Auf die selbstgestellte Frage, ob er die entlarvenden »Erklärungen« in der Soziologie müde sei, antwortet er: *Ich bin es, und ich bin es immer schon gewesen, wenn ich z. B. merke, dass der Gott, zu dem ich bete, die Kunstwerke, die ich liebe, der Darmkrebs, gegen den ich kämpfe, das Gesetzbuch, das ich studiere, das Begehren, das ich fühle, ja sogar das Buch, das ich schreibe, in keiner Weise als Fetisch oder als Faktum verstanden werden können und auch nicht in irgendeiner Kombination dieser beiden absurden Positionen.* (EK:47)

Aus der Erkenntnis vom Scheitern sozialer Erklärungen im Hinblick auf die harten Fakten der Wissenschaften zieht Latour den Schluss, dass auch die sozialen Erklärungen des Rechtes, der Religion usw. in Frage gestellt werden müssten. Man müsse also an dem Begriff soziale Erklärung etwas Grundsätzliches ändern, was Latour durch den Einbezug der nicht-menschlichen Akteure auch tat. Diese Veränderung der Perspektive beschreibt Latour folgendermaßen. *Für mich zumindest war der Rubikon überschritten, als wir uns nach und nach gezwungen sahen, Verbindungen von drei ehemals nicht-sozialen Objekten zu berücksichtigen (Mikroben, Muscheln, Korallen), die darauf insistierten, eine merkwürdige Position einzunehmen, nämlich mit den früheren sozialen Entitäten assoziiert zu werden, die wir zu beschreiben versuchten.* (SG:183) Die alte, auf die sozialen Bindungen fokussierte, Soziologie habe den Fehler gemacht, die vielfältigen Bezüge, die die Menschen untereinander und mit den Dingen eingehen auf das Soziale einzuengen. Ein solcher Ansatz scheitere jedoch nicht nur im Hinblick auf die Genese der harten wissenschaftlichen Fakten, sondern ebenso im Hinblick auf soziale Erklärungen in der Religion, Kunst, Kultursoziologie.

Zitat

Die ANT behauptet nicht, dass alle anderen Bereiche der Sozialwissenschaft in Ordnung seien und dass allein Wissenschaft und Technik eine besondere Strategie verlangten, weil sie so viel härter, wichtiger und respektabler wären. Sie behauptet, dass die sozialen Erklärungen, da sie bei der Wissenschaft so erbärmlich gescheitert sind, auch überall sonst scheitern mussten ... (SG:174)

Latour kritisiert also die Behauptung der logischen Positivisten des Wiener Kreises, dass es harte unbestreitbare Tatsachen gibt, wie zum Beispiel, dass dieser Stuhl hier aus Eisen, jener Hammer aus Stahl usw. aus Materie sind. Bei solch einfachen Gegenständen mag das noch angehen, komplizierter werde es, wenn es sich um laminierten Stahl handele: ...*laminierter Stahl in der Metallurgie liefert so viele Rätsel in bezug darauf, wie eine materielle Widerstandsfähigkeit auftreten kann, dass es beinahe keine Beziehung gibt zwischen dem, was positivistische Philosophen und materialistische Wissenschaftler als ›Materie‹ bezeichnen, und dem was Materialwissenschaftler darüber sagen.* (SG:193) Alleine die Etymologie des Wortes Tatsache hätte die logischen Positivisten, die von so etwas wie unbestreitbaren Basissätzen oder unbestreitbaren Tatsachen ausgehen, stutzig machen müssen. Denn die Tatsachen werden ja wesentlich in den Wissenschaften tatkräftig im Labor erst hergestellt. Das heißt natürlich nicht, dass den »Tatsachen« keine Realität entspricht. Latour behauptet nur, dass die Art dieser Realität eben nicht unbestreitbar ist, womit er nicht in einen Topf mit der These der Postmoderne geworfen werden will, wonach es außer Interpretationen keine wirkliche Wirklichkeit gibt. Das sagt nämlich Latour genau nicht, für den die Dinge sehr real sind, aber eben nicht im ontologischen Status ihrer Einförmigkeit, sondern als Pluriversum (William James).

_____ Zitat

Darin besteht auch die Trennlinie zwischen dem Postmodernismus, der glaubt, dass seine Aufgabe darin besteht, Vielfalt zu einer Welt hinzuzufügen, die übermäßig durch ›Große Erzählungen‹ vereinheitlicht sei, und der ANT, die empfindet, dass Vielfalt eine Eigenschaft der Dinge ist, nicht der Menschen, die sie interpretieren. (SG:203, Anm. 62)

In der modernen Wissenschaft gibt es immer weniger unbestreitbare und immer mehr strittige Tatsachen, wie die folgenden von Latour angeführten zwei Beispiele aus aktuellen Wissenschaftsdebatten zeigen. Früher betrachtete man die Samenzellen, also die Spermien als die im Zeugungsprozess aktiven Faktoren, während die weibliche Eizelle nur darauf warte von ihnen befruchtet zu werden. Heute geht man jedoch in der Entwicklungsphysiologie davon aus, dass die Spermien vom Ei durch subtile Mechanismen angelockt und ausgewählt werden. Zumindest werde diese Möglichkeit unter den Forschern diskutiert. Eine weitere Kontroverse bezieht sich auf Schimpansen, die früher als eher nette und umgängliche

Lebewesen galten, während die neuere Forschung glaubt herausgefunden zu haben, dass sie untereinander in grimmiger Konkurrenz stehen und es lieben, sich gegenseitig ein Schnippchen zu schlagen. Als weitere Wissenschaftskontroverse dieser Art führt Latour Diskussionen über die biologischen Aufgaben der Gene, die Zusammensetzung des Mutterbodens und die Digitalität von Computern an, die allesamt belegten, dass es keine unbestrittenen wissenschaftlichen Tatsachen gibt. *Die Diskussion beginnt sich ein für allemal zu verschieben, wenn man nicht von unbestreitbaren Tatsachen (matters of fact), sondern, wie ich sie nennen will, umstrittenen Tatsachen (matters of concern) ausgeht.* (SG:199)

Fünfte Quelle der Unbestimmtheit – Das Verfassen riskanter Berichte
Berichte und Texte sind in der Forschung ebenso wie überall im Leben von größter Bedeutung. *Wer hätte ein Unbewusstes ohne Psychologen? Wer wüsste, ob ein Gewinn gemacht wurde oder nicht, ohne die Buchhalter?* (SG:243) Für Latour gehört zu einer gelungenen Forschung wesentlich die Frage nach der Qualität des Forschungsberichtes dazu. Ist er gut oder schlecht verfasst? Eine gute Zusammenfassung der Ergebnisse eines Forschungsprojekts im Sinne der ANT ist Latour zufolge ein Text, dem es gelingt, (...) *einen wahren und vollständigen Bericht über den vorliegenden Gegenstand zu schreiben.* (SG:221) Ein solcher Forschungsbericht könne auch scheitern und seinen Gegenstand u. a. deshalb verfehlen, weil er den Widerspruchgeist einiger Akteure und Gegenstände durch falsche Harmonisierungen zu übertünchen versuche. *Ein guter ANT-Bericht ist eine Erzählung oder Beschreibung oder Proposition, in der alle Akteure etwas tun und nicht bloß herumsitzen.* (SG:223)

In seiner Feldforschung geht es Latour mehr um Beschreibung als um Kritik. Die Kritik der Gesellschaft unter einem bestimmten Vorzeichen sei es marxistischer, feministischer oder ökologischer Herkunft enthält die Gefahr, dass zu rasch totalisiert wird und darüber die konkreten Konfigurationen einer Situation aus den Augen verloren werden. Die »kritischen« Soziologen fassten die Dinge oft schablonenhaft auf, demgegenüber werde ein guter soziologischer Bericht die Sachlage nicht vereinfachen, sondern umgekehrt sogar verkomplizieren. Gemäß Gabriel Tardes Motto *Existieren heißt differieren (...)* sollte auch Latour zufolge *Ein guter Text (...) in einem guten Leser folgende Reaktion auslösen: ›Mehr Details, bitte, mehr Details.‹* (SG:239) Seine Forderung *Entfaltung statt Kritik* fast Latour folgendermaßen zusammen:

Zitat

Entfalten heißt einfach, dass durch den Bericht, der die Untersuchung abschließt, die Anzahl der Akteure möglicherweise vergrößert wird; das Spektrum der Existenzformen, die die Akteure zum Handeln bringen, möglicherweise erweitert wird; die Anzahl der Objekte, die an der Stabilisierung von Gruppen und Agenzien beteiligt sind, möglicherweise vervielfältigt wird; und die Kontroversen über umstrittene Tatsachen möglicherweise aufgezeichnet werden. (SG:239)

Zusammengefasst ergibt sich das folgende Bild der ANT im Sinne Latours. Von Niklas Luhmanns Systemtheorie unterscheidet sie sich dadurch, dass letztere mit Begriffen wie Autopoiesis ein Grundgerüst bzw. einen Rahmen für die soziologische Analyse vorgibt. Die ANT will jedoch unvoreingenommen an die untersuchten Gegenstände herangehen und die Gegenstände selbst sprechen lassen bzw. ihnen einen Raum geben, sich selbst auszudrücken. *Es ist das Objekt selbst, das Vielfalt hinzufügt, oder vielmehr das Ding, die ›Versammlung‹. (SG:250)* Insofern arbeitet sie objektivistisch bzw. positivistisch. Dem Positivismus ebenso wie übrigens dem Strukturalismus wirft Latour jedoch vor, dass er die Dinge bzw. Tatsachen viel zu schnell und eindimensional sichtet. *Objektivität ist nicht das Eigentum der Positivisten. (SG:252)* Für Strukturalisten seien Fallbeispiele nichts anderes als harmlose Platzhalter für allgemein wirksame und das Individuum determinierende Strukturen. Für Latour hingegen tun die Aktanten etwas. Dinge, die nichts tun, seien uninteressant. Doch ins postmoderne Gegenteil des Objektivismus, dass es nämlich bei einer soziologischen Studie nur auf die originelle Interpretation und Sichtweise des Wissenschaftlers ankomme, will Latour auch nicht verfallen. Die von Roland Barthes formulierte Dichotomie: *Lieber die Trugbilder der Subjektivität als den Schwindel der Objektivität,* lehnt Latour ab. *Diesen Gegensatz zwischen ›Standpunkt‹ und ›Blick von nirgendwo‹, den können Sie vergessen. Lassen Sie die Hermeneutik beiseite, und gehen Sie zurück zum Objekt – oder vielmehr zum Ding. (SG:251)*
  Folglich geht es Latour nicht um Subjektivität versus Objektivität, sondern um ein Erfassen der Komplexität der Aktanten, die, wie wir ja wissen, auch Dinge sein können. *Es ist das Ding selbst, das Tal, die Berggipfel, die Straßen, die Ihnen dieses Erfassen, diese Handhabe, diese Aufnahme anbieten. ... Wenn man viele Blickpunkte auf eine Statue haben kann, so liegt das daran, dass die Statue selbst dreidimensional ist und einem erlaubt, ja, <u>erlaubt</u>, sich um sie herum zu bewegen. (SG:251f)* Im

richtigen Beschreiben und nicht im vorschnellen Erklären liege die Hauptaufgabe einer guten ANT. Eine gute Beschreibung könne dann die beteiligten Akteure dazu veranlassen, ihre Sicht- oder Verhaltensweisen zu verändern. *Beschreiben, aufmerksam für den konkreten Sachverhalt sein, den einzigen adäquaten Bericht einer gegebenen Situation finden, das erschien mir stets als äußerst anspruchsvoll.* (SG:249) Skeptisch zeigt sich Latour gegenüber kritischen Soziologen, die ihre Studien mit dem Ziel anfertigen, die Leute über ihr falsches Bewusstsein aufzuklären, gerade so als hätten sie vor der entsprechenden Studie über keinerlei Reflexivität verfügt und seien nichts anderes als die Marionetten an den Strippen von ökonomischen oder unterbewussten Kräften und Trieben gewesen.

Wie den Begriff der Natur lehnt Latour auch den Begriff der Gesellschaft ab; es gebe gar keine Gesellschaft hinter dem Rücken der Handelnden. An der herrschenden Soziologie kritisiert er, dass sie immer, wenn es in ihren Untersuchungen von Interaktionen schwierig wird, einen imaginären Kontext bemüht, der sich konkret nur schwer fassen lässt: eben die Gesellschaft. Darin unterscheide sie sich kaum von andern Wissensgebieten wie z. B. der Linguistik, in der von einer Sprachstruktur die Rede ist, die die einzelnen Sprechakte erst hervorbringen lässt. Der Linguist oszilliere seit *Ferdinand de Saussure* vom Beispiel – einem Sprechakt, la parole – hin zu einer allgemeinen Sprachstruktur – la langue – und habe dabei die große Schwierigkeit, die konkreten Zwischenglieder zu benennen, die vom Konkreten zum Allgemeinen und umgekehrt führen. Für die Soziologie kommt Latour deshalb zu dem Schluss: *Nichts ist offenbar schwieriger zu fassen als soziale Bindungen.* (SG:275)

Anstatt den Gesetzen einer imaginären Gesellschaft[58] nachzuspüren, solle eine neue Soziologie lieber – vergleichbar der Arbeit einer emsigen Ameise – das *fluide Soziale* (SG:285) nachzeichnen. Für die Soziologie hält Latour den Ratschlag bereit, den Ball flach zu halten, womit gemeint ist, dass für ANT-Forscher das geläufige Bild der Gesellschaft, wonach die Makroprozesse die Mikroprozesse beherrschten, aufzugeben sei. Die Gesellschaft sei jedenfalls nicht nach dem Prinzip der russischen Puppen zu erforschen. Man könne nicht von den globalen Strukturgesetzen des Kapitalismus (größere Puppe) auf die Handlungen der Akteure der Unterebenen, z. B. Betriebe und Kleinunternehmen (kleinere Puppe) schließen. Vielmehr gelte es nachzuzeichnen, wie und bis zu welchem Punkt in der Landschaft sich ein Ereignis beginnt einzuschreiben bzw. auszubreiten, wofür Latour die Metapher *Flächenland* oder *Buchführung*

(SG:380) benutzt. Immer wenn ein Soziologe von *Struktur* oder *Gesellschaft* oder *Weltwirtschaft* rede, solle ihm die ANT-Soziologie die Frage stellen: *In welchem Gebäude? In welchem Büro? Durch welchen Korridor vorgelesen?* (SG:315)

Durch die modernen Technologien – Satelliten, Glasfasernetze, Rechner – sei es heute viel leichter nachzuvollziehen, wie und wie weit sich bestimmte Netzwerke verbreiten. Manchmal könnten kleinste Innovationen sich über die halbe Welt ausdehnen. Zwischen Galileis Forschungen und Entdeckungen und einem Schulkind, von dem man verlangt zu glauben, dass sich die Erde um die Sonne dreht, ließen sich rein theoretisch nach der Überzeugung von Latour, der hier Gabriel Tarde folgt, *indirekte, gleichwohl zur Gänze nachzeichenbare* (SG:311) Verbindungslinien ziehen, die Tarde *Nachahmungsstrahlen* nannte. Es ist die mühsame Aufgabe der ANT-Soziologie diese Netze nachzuzeichnen, einer Aufgabe, die den Fleiß, die Geduld und die Demut einer Ameise bedarf, worauf Latour an vielen Stellen seines Werkes (vgl. u.a. SG:243:295:301:310:405) hinweist. Der Netzwerkbegriff dürfe jedoch nicht verwechselt werden mit dem Kontextbegriff, der in der Soziologie herhält um alles Mögliche zu begründen. So seien bestimmte Dinge vor einem bestimmten Kontext zu verstehen, ohne dass man sich genügend um die Mittler kümmert bzw. sie nachweist, die die verschiedenen Handlungen, Gesellschaftsmitglieder, Einstellung miteinander verbinden. *Kontinuierlichen Fährten zu folgen ist etwas anderes, als zur Struktur zu springen. Beim Sichtbaren und Greifbaren zu bleiben ist etwas anderes, als sich an unsichtbare Agenten zu wenden.* (SG:309)

Anstatt Mikro- und Makroebene führt Latour die Begriffe *Oligoptiken* und *Panoramen* in die soziologische Analyse ein. Bekanntlich sah Michel Foucault im von Jeremy Bentham entworfenen Panoptikum das Paradigma für den modernen Überwachungsstaat. Doch nicht nur Politiker, sondern auch Soziologen träumen davon, eine universale Sozialtheorie zu entwerfen, die für alle Fälle passt. Dieses Ziel gibt der ANT-Soziologe auf. Ihm reicht es, die vielen langen Ketten von Akteuren sichtbar zu machen. *Es gibt keinen globalen, alles umfassenden Ort, an dem beispielsweise die Kommandozentrale des Strategic Air Command, das Wall-Street-Handelsparkett, die Wasserverschmutzungskarte, das Volkszählungsbüro, das Pressebüro des Vatikans sowie die Vereinten Nationen versammelt und zusammengefasst werden könnten.* (SG:329f) Um dennoch so etwas wie die Makroebene in den Blick zu bekommen empfiehlt Latour den Begriff des *Panoramas*, der wiederum an Jean-François Lyotards Begriff von den *Großen Erzählungen* angelehnt ist.[59]

Der Begriff Panorama[60] passt nach Latour sehr gut auf die von ANT-Soziologen vorsichtig angestellten Versuche das Lokale zu transzendieren um auch zu globaleren Bildern überzugehen. Panoramen waren ja nichts anderes als große Bilder. Wie in einem Panorama Bilder über einer Wand in einem abgeschlossenen Raum tapeziert seien, so müsse sich der Soziologe darüber im Klaren sein, dass globalere Erklärungsversuche wie Ulrich Becks *Risikogesellschaft*, Samuel Huntingtons *Kampf der Kulturen* oder Francis Fukuyamas *Ende der Geschichte* nur heuristische Versuche sind, mehr Licht in das soziale Geschehen zu bringen.

Wer annehmen wollte, dass der Ausgangspunkt der ANT-Soziologie die lokale Interaktion ist, würde sich getäuscht sehen. Denn es ist ein nun schon häufiger angeführtes Diktum Latours, dass das Soziale paradoxerweise erst dann sichtbar wird, wenn es *nicht-soziale Existenzformen* (SG:333) durchläuft. Latour geht davon aus, dass von ihm sogenannte *Artikulatoren* oder *Lokalisatoren* das Soziale erst möglich machen. Was ist damit gemeint? Jeder Lehrer weiß, dass in einer Klasse, in der es zu wenig Stühle gibt und der Hausmeister draußen gerade mit einer lauten Laubkehrmaschine arbeitet, nur schwer bzw. überhaupt nicht zu unterrichten ist. Das heißt, dass das Soziale auch immer in Abhängigkeit steht zu den Dingen, die es stören oder strukturieren. Latour selbst führt das Beispiel einer Raumordnung in einem Hörsaal an, in dem der Dozent auf einem Stuhl von den Studenten wie in einem antiken Amphitheater umgeben sitzt. Diese Anordnung ist ja nicht a priori gegeben, sondern wurde von einer Architektin, deren Namen Latour sich die Mühe machte zu recherchieren, konkret umgesetzt. Das heißt, dass für Latour der mäandernde Weg sozialer Aktionen (...) *erst durch* die *Multiplizierung, Mobilisierung, Einbeziehung und Faltung von nicht-menschlichen Akteuren* (...) (SG:333) ganz wesentlich vorgezeichnet wird.

Krieg der Welten – wie wäre es mit Frieden?

»Wieso hassen uns andere Menschen so sehr?«, fragte man sich in Amerika nach dem 11. September, »wo wir doch so ehrlich, so offen, so wohlmeinend, von Natur aus so gut sind?« (KW:42)

Für Latour besteht die gemeinsame Welt, die viele für gesichert halten, noch gar nicht, vielmehr müsse sie erst hergestellt werden. Für ihn bedeutet Politik *allmähliche Zusammensetzung einer gemeinsamen Welt.* (KW:15) Im Westen habe man es sich mit der Idee der Universalität zu einfach gemacht. Die Welt ist für den Westen immer irgendwie schon da, ihre Einheit schon längst gesichert. *Die Welt war vereint, es blieb nur noch die Aufgabe, einige übriggebliebene, sich der Modernisierung widersetzende Widerspenstige zu überzeugen ...* (KW:15), eine Aufgabe, die man sich in erster Linie als soziale, therapeutische oder gar pädagogische dachte. Latour zufolge sollte nun nicht die Idee der Universalität aufgegeben werden, sondern nur die Idee, dass wir es bei den Gegnern der Universalität nicht mit wirklichen Gegnern, vielleicht sogar mit Feinden, sondern nur mit armen Irregeleiteten oder ewig Zurückgebliebenen zu tun hätten. Der Westen neige dazu, die Welt im Singular zu sehen. Mit den Begriffen Menschenrechten, Markt, Demokratie, Wissenschaft glaubt er sich den anderen Kulturen überlegen. Gewiss, man toleriert formal andere Kulturen, doch im Grunde genommen hat sich der Westen nie als eine Kultur unter anderen Kulturen gefühlt, sondern immer die Vorreiterrolle beansprucht.

Das bedeutet nicht, dass Latour eine ähnliche Position wie Samuel Huntington vertritt, der bekanntlich vom Kampf der Kulturen spricht und die Idee der Universalität negiert. *Die Lösung kann selbstverständlich nicht darin liegen, dass man davon Abstand nimmt, die gemeinsame Welt zusammenzusetzen, und sich hinter den Scheuklappen und Bunkern der eigenen Kultur verschanzt, wie Samuel Huntington es uns empfiehlt.* (KW:40f) Nicht die Universalität soll aufgegeben werden, sondern nur die Illusion, dass die Universalität schon längst da wäre und nicht erst mühsam durch Verhandlungsprozesse mit den anderen Kulturen erreicht werden müsste. *Denn die gemeinsame Welt, die wir für gesichert hielten, besteht nicht bereits, sie muss schrittweise zusammengesetzt wer-*

den. Die gemeinsame Welt liegt nicht hinter uns, fix und fertig, wie die Natur, sondern vor uns, als gewaltige Aufgabe, die wir Schritt für Schritt zu erfüllen haben. (KW:41f)

Natürlich spricht auch der Westen – hier wären insbesondre Karl Jaspers und Jürgen Habermas zu erwähnen – von der Notwendigkeit interkultureller Diskussionen. Doch mit dem Gedanken einer einheitlichen Ontologie im Hinterkopf, wonach die Rohstruktur der Natur – Lockes berühmte *primäre Qualitäten* – schon feststünde, geraten solche Diskussionen Latour zufolge stets in eine Schieflage. Die anderen mögen von Geistern, magischen Praktiken, Seelen usw. reden, doch wenn wir nur genügend mit ihnen argumentierten und ihnen wissenschaftliche Beweise vorführten, würden sie ihren Irrglauben schon aufgeben. Denn schließlich ist es für den Westen ausgemacht, dass es zwar in den verschiedenen Kulturen unterschiedliche Bräuche, Erziehungsmethoden, Religionen gibt, aber nur eine einzige universale menschliche Natur (Gene, Gehirnbahnen, Biologie). Der Nachteil einer solchen Reduktion des Universalen auf das naturwissenschaftliche Rohmaterial liegt auf der Hand. Die so verstandene Natur hat keine Bedeutung mehr. Zwar ist sie »objektiv«, »wissenschaftlich« richtig, doch der Mensch ist in ihr verloren und kann aus ihr keinen Sinn mehr destillieren, ein nach Latour letztlich den Menschen in die Verzweiflung führendes Unternehmen.

Zu dieser vorhandenen »objektiven« Naturwelt beanspruchte der Westen stets einen privilegierten Zugang zu haben. Alle anderen waren eingeladen sich ihm anzuschließen. Wollten sie das nicht, ließ man sie als Zeichen unserer Toleranz und Gutmütigkeit einfach in ihrem Irrglauben, solange sie uns damit nicht allzu sehr auf die Nerven gingen. Der Westen sei jedoch nicht bereit, die andersartige Ontologie der anderen Völker wirklich zu respektieren, das heißt ernst zu nehmen, argumentiert Latour ähnlich wie Judith Butler, wenn sie in einem ihrer jüngsten Essays gegen eine mögliche westliche Voreingenommenheit schon zu wissen, was menschlich und nichtmenschlich sei, betont, dass das *Menschliche immer wieder als das, was wir erst noch kennen lernen müssen (entsteht).*[61] Wollte man das asymmetrische Verhältnis wirklich verändern, dann müsse man das aufklärerische Bestreben, d.h. das Streben nach Emanzipation aufgeben. Latour fordert die im Einzelnen sicher berechtigte Kritik an den anderen Kulturen nicht zu »einschneidend«, sondern im Sinne einer Bereicherung vorzubringen.

Latour distanziert sich nicht nur von Samuel P. Huntington, sondern auch von dessen Widerpart Francis Fukuyama.[62] Letzterer habe sich in seinem Glauben geirrt, dass in Zukunft die politischen Aufgaben einfacher würden. *Francis Fukuyama (…) hatte recht mit seiner Diagnose vom Ende der Geschichte, aber unrecht zu glauben, dass sie die vor uns liegenden politischen Aufgaben vereinfachte: genau das Gegenteil trat ein.* (RD:74, Anm. 57) Fukuyama sei zwar zuzustimmen, dass nach dem Ende des Kommunismus der naive Fortschrittsglauben mit ins Grab getragen wurde. Doch falsch sei es, wie Fukuyama anzunehmen, dass das Ende des Kommunismus zugleich der Siegeszug des Liberalismus einleiten würde. Der Westen müsse lernen, dass es in der heutigen Welt keine Selbstverständlichkeiten und schon gar keine geschichtliche Determination gibt. Es gibt keine eindeutige Zuordnung mehr, die es erlauben würde, eine Position a priori als fortschrittlich und die andere als rückschrittlich zu bewerten oder gar beweisen zu wollen. Nach Latour ist die heutige Welt nicht mehr zeitlich, sondern eher räumlich zu verstehen. Es komme in ihr nicht mehr darauf an, das »Fortschrittliche« zu tun, sondern auszukundschaften, wie wir kontemporär mit wem und wie zusammenleben möchten. Und dabei habe zunächst einmal jeder gleich viel Recht. Wie notwendig es ist, bestimmte Prognosen über den Fortschritt aufzugeben, verdeutlicht Latour am Beispiel verschiedener Sichtweisen der Religion und der Natur gegenüber.

Zitat

Es ist beispielsweise etwas anderes, mit Religion umzugehen, wenn man auf ihr langsames Verschwinden in einem fernen Märchenland wartet, oder wenn sie vor den eigenen Augen als das explodiert, was die Menschen heute leben und sterben lässt – heute und morgen. Es macht einen Unterschied, ob die Natur aus einem riesigen Reservoir an Kräften und einem unbegrenzten Verwahrungsort für Abfälle besteht oder sich plötzlich in etwas verwandelt, das jeden Fortschritt unterbricht: etwas, an das man nicht appellieren kann und das man nicht loswird. (RD:75)

Wir müssen lernen, in Zeiten wissenschaftlicher Kontroversen zu leben. Wir haben es nicht mit der Globalisierung, sondern im Gegenteil mit der Entstehung vieler neuer Kulturen zu tun. Es gehe darum, einen kollektiven Prozess von Menschen und Dingen zu organisieren: Ein Thing. Entscheidungen darüber, wie viele Akteure auf Erden miteinander koexistieren, sollten Latour zufolge demokratisch (Parlament der Dinge) getroffen werden. Es gehe um die möglichst kollektive Aneignung des ökonomischen Kalküls. Wie Menschen und Dinge miteinander verknüpft sind, ist Latour zufolge ein großes Mysterium. Diese Verbindung gelte es fortwährend zu beschreiben, als dass man laufend den Kapitalismus bekämpft.

Latour geht es nicht um eine bequeme Politikerschelte. Wenn er in einer auf den ersten Blick provozierenden Formulierung Politiker als »Behinderte« bezeichnet, meint er das in keiner Art und Weise pejorativ, sondern will damit lediglich darauf hinweisen, dass alle Menschen – auch die Politiker – in Bezug auf die Politik und die Frage des guten Lebens irgendwie überfordert sind. Schon Ödipus als der Beherrscher Athens hatte ja einen Klumpfuß, wie sein griechischer Name besagt. Latour fragt: *War schließlich nicht auch Demosthenes, wie schon Moses und viele andere Gesetzgeber, sprachbehindert?* (RD:48) In der Politik, wo wir ja für das Gemeinwesen sprechen sollen, sind wir wegen der Verflochtenheit und Komplexität der Verhältnisse eben alle überfordert und »behindert«, so dass Latour die vor diesem Hintergrund nicht mehr ganz so überraschende Forderung *Behinderte aller Länder, vereinigt euch!* (RD:47) stellt. Es war ja gerade der Fehler der Modernen, dass sie Allheilmittel für alle Völker vorgeschlagen hatten: Wissenschaft, Demokratie, Menscherechte, Individualismus. Gegen diese Werte sei nichts einzuwenden, sofern sie als eine mögliche Weltsicht gedeutet werden. Doch die Amerikaner und Europäer vertreten diese Werte bis heute als Nonplusultra zur Lösung der Probleme der Welt, nicht verstehend, dass die übergroße Mehrheit der Menschen auf diesem Planeten eben nicht der Ansicht sind, dass man den Menschen als erstes als Individuum, über seine Rechte, über seine Emanzipation usw. definieren, sondern ihn eher über seine Bezüge zu den Göttern und den Dingen verstehen solle. Vor diesem Hintergrund erweist sich Heideggers Rede vom »Geviert« (Erde, Himmel, die Göttlichen und die Sterblichen) global betrachtet anschlussfähiger als die Idee der Menschenrechte.

Doch Vorsicht! Latour geht es nicht darum, die Bedeutung der Menschenrechte oder des Rechtsstaates zu schmälern. Er wendet sich alleine gegen die Arroganz des Westens diese wichtigen Errungenschaften des Abendlandes quasi außerhalb der Verhandlungsmasse zu stellen, wenn es um auszuhandelnde Kompromisse mit anderen Kulturen geht. Im wirklichen Dialog mit den Kulturen müsse alles auf den Prüfstand gestellt werden. Die westlichen Werte wurden ebenso produziert wie die Werte in allen anderen Kulturen. Es gibt in ihnen keine Letztbegründungen oder ideale Sprechsituationen, auch wenn das Autoren wie Jürgen Habermas und Karl-Otto Apel postulieren. Alle Begründungen sind unter den Bedingungen einer ganz bestimmten Historie hergestellt bzw. konstruiert. Wie erwähnt, macht es deshalb wenig Sinn zu fragen, ob diese Werte,

Konstruktionen usw. der Wirklichkeit entsprechen oder nicht. Wichtiger
– und hier befindet sich Latour in Einklang mit der Philosophie des Pragmatismus – sei es, ob die Konstruktionen einer Kultur tragfähig sind oder
nicht. Sind sie verbesserungswürdig oder stellen sie zu einem gegebenen
Zeitpunkt das Beste dar, was es momentan gibt? Wenn die so geläuterten
Modernen an den Verhandlungstisch mit anderen Kulturen zurückkehr-
ten, könnte dereinst Schritt für Schritt eine gemeinsame Welt entstehen,
in der dann – wer weiß? – die Werte des Westens vielleicht sogar wirklich
universelle Anerkennung erfahren würden.

*(...) sie (die Modernen R.R.) sollten stolz auf (...) (ihre R.R.) universalis-
tischen Ziele sein, doch nicht auf die anfänglichen ›naturalistischen‹ Versuche, diese zu verwirklichen. Lasst uns versuchen, sie an den Verhandlungstisch zurückzubringen, lasst sie diesmal jedoch sich höflich nähern
und den anderen ihr konstruktivistisches Gesicht zeigen und nicht ihren
naturalistischen Blick. Was wäre, wenn sie, anstatt die bestimmenden
Elemente der modernistischen Verfassung – Wissenschaft, Natur, Gott,
Individuum, Ökonomie und Politik – von der Verhandlung auszunehmen
und jeder Diskussion, jedem Zugeständnis zu entziehen, diese als Angelegenheiten akzeptierten, die in einer Verhandlung gelöst werden können,
an der alle Parteien für die Zusammensetzung der gemeinsamen Welt
teilnehmen? (KW:58f)*

Gegen die Rede von der Globalisierung führt Latour an, dass unsere Zeit
viel weniger global ist als gemeinhin angenommen. In den Jahren 1790,
1848, 1918, 1945, 1968, 1989 sei man sich in Europa und weltweit viel
mehr als heute darüber einig gewesen, was es bedeute, (...) von *der Einheit der Welt, vom Planeten Erde, von Fortschritt und Weltbürgern (...)*
(KW:33) zu sprechen. Damals hätten die Naturwissenschaften noch das
Modell für den Fortschritt in der Geschichte und der Politik abgeben
können. Doch heute seien die Dinge komplizierter geworden. *Dieser
Gezeitenwechsel ließe sich beispielsweise so zusammenfassen: (...) aus vielen der früheren Tatsachen (sind) kontroverse Streitsachen geworden (...).*
(KW:31) Ebenso wie heute viele naturwissenschaftliche Fakten und Theorien auf den Prüfstand geraten, werde auch die Globalisierung nicht
automatisch mit Fortschritt in Verbindung gebracht. Heute versammeln
sich die Franzosen gegen die Globalisierung und (...) *pochen auf ihre
›kulturelle Sonderstellung‹ – noch vor zehn Jahren wäre dergleichen unvor-*

stellbar gewesen! Sie verehren den Bauern José Bové, der sich mit einem stinkenden Roquefort nach Berkeley aufmacht, um dem amerikanischen imperialistischen Zugriff auf die Nahrungsmittelproduktion Einhalt zu gebieten! ... Gegen die Globalisierung und ihre Gefahren werden heute in Seattle oder Porto-Alegre Barrikaden errichtet – wer wäre in der Vergangenheit verrückt genug gewesen, gegen die Universalität auf die Barrikaden zu gehen? Gegen die Natur? (KW:34)

Das Problem des westlichen Aufklärers ist, dass er mit seiner kritischen Soziologie immer Recht hat. Wenn er zum Beispiel einen Hindu darüber aufgeklärt hat, dass eine Kuh keineswegs heilig ist, sondern ein Tier wie alle anderen auch, und der Inder sich wehrt und beteuert, dass das nicht stimmt, dann ist gerade eine solche Reaktion Wasser auf die Mühlen der kritischen Soziologie. Gerade, dass sich die Anderen so renitent gegen die (westliche) Vernunft wehren, zeigt, wie verstockt und verblendet sie schon sind. Doch eine solche mögliche überhebliche Haltung des Westens dürfte nicht gerade zu seiner Beliebtheit beitragen und erklärt vielleicht, weshalb man vom *Kampf der Kulturen* spricht. Auch für Latour geht es im interkulturellen Umgang nicht um *Dialog, Toleranz, Schuld und Vergeltung. Sondern um Krieg, Verhandlung, Diplomatie und Friedensaufbau.* (KW: Umschlagstext). Dabei könne es Fortschritte oder auch Rückschläge geben. Jedenfalls sei das Ergebnis offen. *Es gibt Fortschritt, doch er verläuft von einer bloßen Nebeneinanderstellung zu einer verflochtenen Form von Zusammenleben (...) Der Kommunismus lag vielleicht nicht falsch in der Suche nach Gemeinschaft, sondern in der hastigen Weise, wie er sich die Gemeinsame Welt vorstellte, die wir alle teilen sollen.* (RD:77)

Latour in der Kritik

Latour musste sich vor allem den Vorwurf gefallen lassen, dass die von ihm vertretene ANT unwissenschaftlich sei und er ähnlich wie Paul K. Feyerabend einen heillosen Relativismus, wenn nicht gar Irrationalismus, in den Wissenschaften vertrete. Als sich der Soziologe Latour mit der Arbeit der Wissenschaftler beschäftigte, empfanden es einige von ihnen als einen Angriff auf ihren Anspruch »objektive Erkenntnisse« zu liefern. Wie eingangs erwähnt, warf der belgische Physiker und Wissenschaftsjournalist Alan Sokal Latour vor, *eleganten Unsinn* zu schreiben. Sokal hatte in einer amerikanischen Fachzeitschrift einen Artikel mit dem Titel: *Grenzüberschreitung, für eine transformative Hermeneutik der quantitativen Gravität* veröffentlicht. Der Titel bedeutet den gleichen Nonsens wie das, was im gesamten Essay, in dem Sokal willkürliche Zitatcollagen aus Werken von französischen Denkern der Postmoderne wie Jacques Lacan, Julia Kristeva, Jean Baudrillard und eben Bruno Latour zusammengestellte, steht. Dem zuständigen Redakteur war offensichtlich nicht aufgefallen, dass sie völlig nichtssagend waren.

Mit seiner spektakulären Geste wollte Sokal zum Ausdruck bringen, dass die Thesen der französischen Postmoderne ganz nach dem Motto des antiken Dichters Phaedrus, man *denke dran, es ist nur Fabelscherz*[63] höchstens einen literarischen, jedoch keinerlei wissenschaftlichen Wert hätten. Latour wehrte sich, indem er Sokal unterstellte, einen Kreuzzug – science war, Krieg der Wissenschaften – gegen das Frankreich der postmodernen Denker führen zu wollen; einem Land, in dem solch harte Drogen wie »Derridium« und »Lacanium« hergestellt werden würden. *Im Zentrum des Kriegs der Wissenschaften steht die heftige Anklage, dass jeder, der wissenschaftliche Objektivität und technische Effizienz untergräbt, uns in ein dunkles, primitives, barbarisches Zeitalter zurückführen will ...* (HP:243). Sokals Kritik war Latour zufolge deshalb verfehlt, weil er ja keinesfalls die Objektivität der Naturwissenschaften bestreiten, sondern lediglich herausarbeiten wolle, *dass diese Objektivität durch das Soziale gerade verbürgt wurde.*[64] Stets betont Latour, dass er nur beschreibe, wie es einem Netzwerk gelingt, Objektivität hervorzubringen.

Wie nicht weiter erstaunlich, stößt insbesondere Latours These vom Handlungscharakter der Dinge auf die größte Skepsis. Simon Schaffer kritisiert in einem Aufsatz aus dem Jahre 1991 *The Eighteenth Brumaire of Bruno Latour*[65], dass Latour eine romantische Auffassung von der Belebtheit der Materie und der Natur sowie einen Rückfall in den Hylozoismus der alten Griechen vertrete. (Für Thales war *Wasser* kein toter Stoff, sondern ein die Natur durchströmendes und sie belebendes Element = *Hylozoismus*). Gegen Latour lasse sich sagen, dass Dinge zwar Wirkungen zeigten, aber nicht wie Menschen handelten, da keine Absicht dahinter stehe. Es sei geradezu das Zeichen der Wissenschaft, zwischen handlungsfähigen Subjekten und intentionslosen Objekten zu trennen, eine Dichotomie, die Latour ja gerade umgehen will. (vgl. HP:237) Dass Latour bei der Betonung der Interaktionsfähigkeit der Dinge gelegentlich über sein Ziel hinausschießt, wird ihm von dem Berliner Soziologieprofessor Ingo Schulz-Schaeffer vorgehalten. So, wenn sich Latour zu der Behauptung hinreißen lässt, dass Türen Tätigkeit substituierten – z. B. ein Loch in eine Wand zu schlagen, das Loch zu durchqueren und es dann wieder zuzumauern. Solche Hypothesen seien empirisch eher unergiebig; außer bei Bankeinbrüchen oder Gefängnisausbrüchen würden Räume in aller Regel nicht auf diese Weise betreten oder verlassen.[66]

In einem anderen Aufsatz *Technik als sozialer Akteur und soziale Institution* kritisiert Schulz-Schaeffer an der ANT, dass man in ihr nicht mehr trennscharf zwischen sozialem und nicht-sozialem Handeln unterscheiden könne. *Sozial im Sinne der Latour'schen Assoziations-Soziologie wäre auch die Verbindung heterogener Entitäten in einem Ameisenhaufen oder in einem Wirbelsturm. Selbst wenn man also die Auffassung teilt, dass die etablierten Sozialitätskriterien der Soziologie zu eng sind, um soziotechnische Konstellationen (...) angemessen in den Blick zu bekommen, so sollte die angestrebte Erweiterung des Sozialitätskriteriums nichtsdestotrotz so beschaffen sein, dass sie weiterhin erlaubt, zwischen sozialen und außersozialen Phänomenen zu unterscheiden.*[67] In eine ähnliche Richtung zielt die Kritik von Reiner Keller und Christof Rau, wenn sie Latour vorwerfen in seiner »Soziologie der Verknüpfungen« *das ideologische Geschäft der Entverantwortung zu befördern (...).*[68] Wenn alle irgendwie an allem beteiligt sind, entlaste das den Einzelnen. Gegenüber dem Vorwurf, dass die ANT durch die Vermischung von Subjekt und Objekt den Irrationalismus in den Wissenschaften befördere, weist Latour auf die »objektive« Entwicklung hin, dass sich in Zukunft Subjektivität und Objektivität immer weniger voneinander unterscheiden lassen, *allerdings mit dem entscheidenden Unterschied, dass nicht Subjekte und Objekte, sondern menschliche Wesen und nichtmenschliche Wesen in der Zukunft noch stärker vermengt werden.* (HP:245)

Häufig wird an der ANT moniert, dass sie zu deskriptiv und als empirisches Programm rein internalistisch vorgehe, und sich aus einer bloßen Beschreibung der Wissenschaft bzw. der gesellschaftlichen Verhältnisse keine wissenschaftliche Theorie bzw. politische Position entwickeln lasse. So weisen Reiner Keller und Christoph Lau darauf hin, dass Latours Untersuchungen zwar *dichte Beschreibungen der Selbsterzeugung ihrer Gegenstände* liefern, doch sich daraus kaum eine *theoretische Beobachtung abgewinnen ...* [69] ließe. Luc Boltanski und Ève Chiapello gehen in ihrem Werk *Der neue Geist des Kapitalismus*[70] so weit zu behaupten, dass die ANT ein Symptom der kapitalistischen Ideologie sei. (vgl. SG:110) Ähnlich wie Botanski/Chiapello merken Vertreter einer Kritischen Soziologe an, dass die ANT, wenn sie von der Unmöglichkeit einer reinen, »objektiven« Wissenschaft spreche, ohne Not der Linken ein wesentliches Instrument im Kampf gegen den Obskurantismus des Neoliberalismus aus den Händen schlage. Gegen diesen Vorwurf wehrt sich Latour mit der Bemerkung, dass er es nie habe verstehen können, was denn so interessant daran sein könne, immer wieder zu betonen, dass hinter allen gesellschaftlichen Oberflächenphänomenen wie Demokratie, Wohlstand, Rechtsstaat im Grunde genommen nichts als Macht, Herrschaft, Ausbeutung, Verblendung, Verdinglichung, Fetischisierung, Objektivierung (SG:427) steckten.

Ein wesentlicher Impetus von Latours Neuansatz ist gegen das Projekt der Aufklärung gerichtet. Doch ist Latours eigene Theorie einer *Soziologie der Verknüpfungen* nicht selbst ein weiterer Markstein des unvollendeten Projekts der Aufklärung? Schließlich behauptet Latour ganz im Duktus eines Aufklärers, dass die Hypothese des Sozialen wie einst für die Physiker der Äther eine Quantité negligeable für den ANT-Soziologen sei. *Das Soziale der Soziologen erscheint (...) als das, was es immer schon war, nämlich als etwas Überflüssiges, eine redundante Hinterwelt ...* (SG:185) Dieses Problem blieb Latour nicht unverborgen, dennoch insistiert er auf dem wesentlichen Unterschied zwischen der ANT und allen anderen soziologischen Theorien. Nur in der ANT werde die Dingwelt als vollwertiger Akteur ins soziale Geschehen mit einbezogen.

Zitat

Ich hoffe, ich habe den Leser zumindest davon überzeugen können, dass wir unserer Herausforderung nicht begegnen können, wenn wir Artefakte als Dinge betrachten. Sie haben Besseres verdient. Sie sollten als vollwertige soziale Akteure in unsere intellektuelle Kultur aufgenommen werden. Ver-

mitteln sie unsere Handlungen? Nein, sie sind wir. Das Ziel für unsere Philosophie, Sozialtheorie und Moral muss in der Erfindung von politischen Institutionen bestehen, die diese ganze Geschichte, diese riesige Spiralbewegung dieses Labyrinth, dies Schicksal auffangen können. (HP:263)

Serviceteil

Slogans Latours

Kein Forscher sollte die Aufgabe erniedrigend finden, beim Beschreiben zu bleiben. Sie ist, im Gegenteil, die höchste und seltenste Leistung. (SG:237)

Gebt mir ein Laboratorium und ich werde die Welt aus den Angeln heben.[71]

Die Hauptlehre der ANT lautet, dass die Akteure selbst alles machen, einschließlich ihres eigenen Rahmens, ihrer eigenen Theorien, ihrer eigenen Kontexte, ihrer eigenen Metaphysiken, sogar ihrer eigenen Ontologien. (SG:253)

Im neuen Paradigma ersetzen wir das ausgediente Wort ›Gesellschaft‹ durch den Begriff Kollektiv – worunter wir den Austausch menschlicher und nichtmenschlicher Eigenschaften innerhalb einer ›Körperschaft‹ verstehen. (HP:236)

Das Ozonloch ist zu sozial und zu narrativ, um wirklich Natur zu sein, die Strategie von Firmen und Staatschefs zu sehr angewiesen auf chemische Reaktionen, um allein auf Macht und Interessen reduziert werden zu können, der Diskurs der Ökosphäre zu real und zu sozial, um ganz in Bedeutungseffekte aufzugehen. (M:14)

So können wir schließlich verstehen, wieso wir weder in einer Gesellschaft leben, die auf eine Naturwelt schaut, noch in einer Naturwelt, die Gesellschaft als einen ihrer Bestandteile enthält. (HP:211f)

In der Wissenschaft gibt es nichts dergleichen wie ›bloße Repräsentation‹. (I:26)

(...) je mehr von Menschenhand geschaffene Bilder erzeugt werden, desto mehr Objektivität wird gesammelt. (I: 26)

Es gibt keine In-formation, nur Trans-formation. (SG:257)

Es gibt kein Instrument, kein Medium, sondern nur Mediatoren, Mittler. (SG:256)

Wie Gabriel Tarde nie müde wurde zu wiederholen: »Existieren heißt differieren.« (SG:239)

Neue Gegenstände, dafür braucht man die ANT. (SG:245)

Entweder gibt es eine Gesellschaft oder es gibt eine Soziologie. (SG:282)

Paradoxerweise wird das Soziale erst sichtbar, wenn ihm erlaubt wird, *nicht*-soziale Existenzformen zu durchlaufen. (SG:333)

In den meisten Fällen sind soziale Erklärungen einfach nur ein überflüssiger Zusatz, der – anstatt die Kräfte hinter dem Gesagten zu enthüllen – verbirgt, was gesagt worden ist. (SG:86)

Wenn nichtmenschliche Wesen nicht länger mit Objekten verwechselt werden, lässt sich vielleicht das Kollektiv vorstellen, in dem die Menschen mit ihnen verwoben leben. (HP:212)

Denn das Soziale lässt sich nicht aus Sozialem aufbauen, es braucht Schlüssel und Schlösser. (BS: 49)

Sozial ist kein Ort, kein Ding, keine Domäne oder irgendeine Art von Stoff, sondern eine provisorische Bewegung neuer Assoziationen. (SG:410)

Die Menschen sind nicht mehr *unter sich.* Wir haben schon zu viele Handlungen an andere Aktanten delegiert, die unsere menschliche Existenz teilen. (HP:231)

Soziale Erklärungen sind in letzter Zeit zu billig, zu automatisch geworden; sie haben ihre Haltbarkeitsdaten weit überschritten und für kritische Erklärungen gilt das um so mehr. (SG:381)

Nichtmenschliche Entitäten stabilisieren soziales Aushandeln. (HP:257)

Außer zu ›determinieren‹ und als bloßer ›Hintergrund für menschliches Handeln« zu dienen, könnten Dinge vielleicht ermächtigen, ermöglichen, anbieten, ermutigen, erlauben, nahelegen, beeinflussen, verhindern, autorisieren, ausschließen und so fort. (SG:124)

Eine Boing 747 fliegt nicht, es sind Fluggesellschaften, die fliegen. (HP:236)

Wir brauchen keine Politikwissenschaft, sondern Wissenschaftspolitik (...) (PD: 254)

Eine gute Dissertation ist eine fertige Dissertation. (SG:255)

Kürzel

BS: Der Berliner Schlüssel

EK: Elend der Kritik

HP: Die Hoffnung der Pandora

KW: Krieg der Welten. Wie wäre es mit Frieden?

M: Wir sind nie modern gewesen

PD: Das Parlament der Dinge

RD: Von der *Realpolitik* zur *Dingpolitik*

SG: Eine neue Soziologie für eine neue Gesellschaft

Literatur

Werke Latours

Latour, Bruno; Woolgar, Steven, Laboratory Life. The Construction of Scientific Facts, London 1979

Latour, Bruno, The Pasteurization of France, Cambridge 1984

Latour, Bruno, Science in Action, How to Follow Scientists and Engineers Through Society, Cambridge 1987

Latour, Bruno, Der Berliner Schlüssel, Erkundungen eines Liebhabers der Wissenschaft, Berlin 1995

Latour, Bruno, Paris: Invisible City (französisch zuerst 1998), übersetzt von Liz-Carey Libbrecht (www.bruno-latour.fr/virtual/paris_invisible_city.pdf)

Latour, Bruno, Die Hoffnung der Pandora, Untersuchungen zur Wirklichkeit der Wissenschaft, Frankfurt am Main 2000

Latour, Bruno, Das Parlament der Dinge. Naturpolitik, Frankfurt am Main 2001

Latour, Bruno, Jubiler ou les tourments de la parole religieuse, Paris 2002

Latoru, Bruno, La Fabrique du droit: Une Ethnographie du Conseil d´État. Paris 2002

Latour, Bruno, Iconoclash. Gibt es eine Welt jenseits des Bilderkrieges?, Berlin 2002

Latour, Bruno, Krieg der Welten – wie wäre es mit Frieden?, Berlin 2004

Latour, Bruno, Von der *Realpolitik* zur *Dingpolitik* oder Wie man Dinge öffentlich macht?, Berlin 2005

Latour, Bruno, »Ethnografie einer Hochtechnologie. Das Pariser Projekt ›Aramis‹ eines automatisierten U-Bahn-Systems« (zuerst 1993) in: Werner Rammert und Cornelius Schubert (Hg.), Technografie. Zur Mikrosoziologie der Technik Frankfurt am Main 2006

Latour, Bruno, Drawing Things Together, in: Belliger, Andréa, Krieger, David J. (Hg.) ANThology Ein einführendes Handbuch zur Akteur--Netzwerk-Theorie, Bielefeld 2006

Latour, Bruno, Gebt mir ein Laboratorium und ich werde die Welt aus den Angeln heben, in: Belliger, Andréa, Krieger, David J. (Hg.) ANThology Ein einführendes Handbuch zur Akteur-Netzwerk-Theorie, Bielefeld 2006

Latour, Bruno, Die Macht der Assoziationen, in: Belliger, Andréa, Krieger, David J. (Hg.) ANThology Ein einführendes Handbuch zur Akteur--Netzwerk-Theorie, Bielefeld 2006

Latour, Bruno, Über technische Vermittlung: Philosophie, Soziologie, Genealogie, in: Belliger, Andréa, Krieger, David J. (Hg.) ANThology Ein einführendes Handbuch zur Akteur-Netzwerk-Theorie, Bielefeld 2006

Latour, Bruno, Sozialtheorie und die Erforschung computerisierter Arbeitsumgebungen in: Belliger, Andréa, Krieger, David J. (Hg.), ANThology Ein einführendes Handbuch zur Akteur-Netzwerk-Theorie, Bielefeld 2006

Latour, Bruno, Über den Rückruf der ANT in: Belliger, Andréa, Krieger, David J. (Hg.), ANThology Ein einführendes Handbuch zur Akteur-Netzwerk-Theorie, Bielefeld 2006

Latour, Bruno, Elend der Kritik, Vom Krieg um Fakten zu Dingen von Belang, Zürich-Berlin 2007

Latour, Bruno, Wir sind nie modern gewesen Versuch einer symmetrischen Anthropologie, Frankfurt am Main 2008

Latour, Bruno, Eine neue Soziologie für eine neue Gesellschaft, Frankfurt am Main 2008

Sonstige

Belliger, Andréa, Krieger, David J. (Hg.), ANThology Ein einführendes Handbuch zur Akteur-Netzwerk-Theorie, Bielefeld 2006

Boltanski, Luc, Chiapello, Ève, Der neue Geist des Kapitalismus, Aus dem Französischen von Michael Tillmann Mit einem Vorwort von Franz Schultheis, Konstanz 2003

Butler, Judith, Gefährdetes Leben, Politische Essays, Frankfurt am Main 2005

Castoriadis, Cornelius, Gesellschaft als imaginäre Institution. Entwurf einer politischen Philosophie, Frankfurt am Main 1984

Collin, Finn, Konstruktivismus für Einsteiger, Paderborn 2008

Deleuze, Gilles / Guattari, Félix, Anti-Ödipus, Frankfurt am Main 1974

Deleuze, Gilles / Foucault, Michel, Der Faden ist gerissen, Berlin 1977

Deleuze, Gilles, Guattari, Félix, Rhizom, Berlin 1977

Deleuze, Gilles, Guattari, Félix, Tausend Plateaus, Kapitalismus und Schizophrenie, Berlin 1992

Feyerabend, Paul, K., Wissenschaft als Kunst, Frankfurt am Main 1984

Feyerabend, Paul K., Die Torheit der Philosophen, Dialoge über Erkenntnis, Frankfurt am Main 1997

Fontane, Theodor, Effi Briest, Husum, o.J

Fuchs, Peter, Der Sinn der Beobachtung, Begriffliche Untersuchungen, Zweite Auflage, Weilerswist 2004

Fukuyama, Francis, Das Ende der Geschichte, München 1992

Garfinkel, Harold, Das Alltagswissen über soziale und innerhalb sozialer Strukturen, in: Arbeitsgruppe Bielefelder Soziologen (Hg.), Alltagswissen, Interaktion und gesellschaftliche Wirklichkeit 1 symbolischer Interaktionismus und Ethnomethodologie, Reinbek bei Hamburg 1973
Goffman, Erving, Wir alle spielen Theater, München, Zürich 1969
Greif, Hajo, Wer spricht im Parlament der Dinge?, Paderborn 2005

Haraway, Donna, Die Neuerfindung der Natur, Primaten, Cyborgs und Frauen. Herausgegeben und eingeleitet von Carmen Hammer und Immanuel Stieß, Frankfurt, New York 1995
Heidegger, Martin, Sein und Zeit, Sechzehnte Auflage, Tübingen 1986

Kneer, Georg, Schroer, Markus, Schüttpelz, Erhard, (Hg.), Bruno Latours Kollektive, Frankfurt am Main 2008

Lutz, Bernd (Hg.), Die großen Philosophen des 20. Jahrhunderts, München 1995
Lyotard, Jean-Francois, Das postmoderne Wissen, Graz-Wien 1986

Maturana, Humberto R, Varela, Francisco, Der Baum der Erkenntnis, Die biologischen Wurzeln menschlichen Erkennens, 11. Auflage, Bern und München 1987
McLuhan, Marshall, Die magischen Kanäle Understanding Media, 2. erweiterte Auflage, Basel 1995
Moebius, Stephan, Peter, Lothar (Hg.), Französische Soziologie der Gegenwart, Konstanz 2004

Nietzsche, Friedrich, Kritischen Studienausgabe, herausgegeben von Giorgio Colli und Mazzino Montinari, 15 Bände, München, 8. Auflage 2005

Phaedrus, Der Wolf und das Lamm, Fabeln, lateinisch – deutsch Leipzig 1989
Polany, Karl, The Great Transformation (zuerst 1944), Frankfurt am Main 1944
Prechtl, Peter (Hg.), Grundbegriffe der analytischen Philosophie, Stuttgart Weimar 2004

Rabinow, Paul, Was ist Anthropologie?, 1. Auflage Frankfurt am Main 2004
Ruffing, Reiner, Einführung in die Philosophie der Gegenwart, Paderborn 2005
Ruffing, Reiner, Einführung in die Geschichte der Philosophie, 2. Auflage, Paderborn 2006

Ruffing, Reiner, Bleibt der Erde treu! Nietzsches Hymnus auf das Leben, Stuttgart
  2008
Ruffing, Reiner, Michel Foucault, Paderborn 2008
Ruffing, Reiner, Der philosophische Werkzeugkasten, München 2008

Schmitt, Carl, Der Begriff des Politischen: Text von 1932 mit e. Vorw. u. 3 Corol-
  larien, Berlin 1987
Schulz-Schaeffer, Ingo, Technik als sozialer Akteur und soziale Institution, www2.
  tu-berlin.de/~soziologie/Tuts_WP_3_20007.pdf
Serres, Michel, Der Parasit, Frankfurt am Main 1987
Serres, Michel, Der Naturvertrag, Frankfurt am Main 1994

Whitehead, Alfred North, Der Begriff der Natur, Weinheim 1990

Anmerkungen

[1] McLuhan, Marshall, Die magischen Kanäle Understanding Media, 2. erweiterte Auflage, Basel 1995

[2] Latour, Bruno, Die Vermischung von Menschen und Nicht-Menschen: Die Soziologie eines Türschließers, in Belliger, Andréa, Krieger, David J. (Hg.) AnThology Ein einführendes Handbuch zur Akteur--Netzwerk-Theorie, Bielefeld 2006, Latour schrieb den Aufsatz unter dem Pseudonym Jim Johnson

[3] Prechtl, Peter (Hg.) Grundbegriffe der analytischen Philosophie, Stuttgart Weimar 2004, S.117

[4] Latour, Bruno, Drawing Things Together, in: Belliger, Andréa, Krieger, David J. (Hg.), ANThology Ein einführendes Handbuch zur Akteur-Netzwerk-Theorie, Bielefeld 2006, S. 280

[5] Unter Inskriptionen versteht Latour nicht nur Buchstaben, sondern auch *Spuren, Flecke, Punkte, Histogramme, gespeicherte Zahlen, Spektren, peaks usw.* Vgl. Kneer, Georg, Schroer, Markus, Schüttpelz, Erhard, (Hg.), Bruno Latours Kollektive, Frankfurt am Main 2008, S. 32 So enthält z. B. ein mechanischer Türschließer bestimmte Inskriptionen (Codes), die das Verhalten der Menschen lenken.

[6] Latour, Bruno, Drawing Things Together a.a.O., S. 287

[7] Serres, Michel, Der Naturvertrag, Frankfurt 1994, S. 156f

[8] Vgl. Kneer, Georg, Schroer, Markus, Schüttpelz, Erhard, Bruno Latours Kollektive, a.a.O., S. 19

[9] vgl. Ruffing, Reiner, Einführung in die Philosophie der Gegenwart, Paderborn 2005

[10] Collin, Finn, Konstruktivismus für Einsteiger, Paderborn 2008, S. 80

[11] Heidegger, Martin, Sein und Zeit, Sechzehnte Auflage, Tübingen 1986, S. 104

[12] Serres, Michel, Der Naturvertrag, Frankfurt am Main 1994

[13] Serres, Michel, Der Parasit, Frankfurt am Main 1987, S. 344ff

[14] Whitehead, Alfred North, Der Begriff der Natur, Weinheim 1990, S. 25

[15] Lyotard, Jean-Francois, Das postmoderne Wissen, Graz-Wien 1986

[16] vgl. www2.tu-berlin.deffsoziologie/Crew/schulz-schaeffer/pdf/AkteurNetzwerkTheorie.pdf

[17] Vgl. Simms, Thimonthy, Soziologie der Hybridisierung, in Moebius, Stephan, Peter, Lothar (Hg.) Französische Soziologie der Gegenwart Konstanz 2004, S. 383

[18] Garfinkel, Harold, Das Alltagswissen über soziale und innerhalb sozialer Strukturen, in: Arbeitsgruppe Bielefelder Soziologen (Hg.), Alltagswissen, Interaktion und gesellschaftliche Wirklichkeit 1. Symbolischer Interaktionismus und Ethnomethodologie, Reinbek bei Hamburg 1973, S. 197

[19] Schüttpelz, Erhard, Der Punkt des Archimedes, in Kneer, Georg, Schroer, Markus, Schüttpelz, Erhard, (Hg.), Bruno Latours Kollektive, Frankfurt am Main 2008, S. 249

[20] Rees, Tobias, Nachwort zu Rabinow, Paul, Was ist Anthropologie?, 1. Auflage, 2004, S. 165

21 Haraway, Donna, Die Neuerfindung der Natur, Primaten, Cyborgs und Frauen. Herausgegeben und eingeleitet von Carmen Hammer und Immanuel Stieß, Frankfurt, New York 1995, S. 108f

22 Ebenda, S. 66

23 Ebenda, S. 109

24 Latour, Bruno, Gebt mir ein Laboratorium und ich werde die Welt aus den Angeln heben, in Belliger, Andréa, Krieger, David J. (Hg.) AnThology Ein einführendes Handbuch zur Akteur-Netzwerk-Theorie, Bielefeld 2006, S. 103ff

25 Gill, Bernhard, Über Whitehead und Mead zur Akteur-Netzwerk-Theorie in Bruno Latours Kollektive, a.a.O., S. 54

26 vgl. Ruffing, Reiner, Einführung in die Geschichte der Philosophie, 2. Auflage, Paderborn 2006. S. 143ff

27 Unter Artikulationen versteht Latour die Beziehungen zwischen den Propositionen, Worte, Gesten, Forschungspapiere, experimentelle Anordnungen können Beziehungen artikulieren.

28 Greif, Hajo, Wer spricht im Parlament der Dinge?, Paderborn 2005, S. 51

29 Ebenda

30 Ebenda, S. 52

31 vgl. Collin, Finn Konstruktion für Einsteiger, a.a.O., S. 80ff

32 Feyerabend, Paul K., Die Torheit der Philosophen, Dialoge über Erkenntnis, Frankfurt am Main 1997, S. 153

33 Feyerabend, Paul K., Wissenschaft als Kunst, Frankfurt am Main 1984, S. 77

34 vgl. Willaschek, Marcus (Hg.), Realismus, Paderborn 2000

35 zit. nach Kutschera, Franz v., Sprachphilosophie, München 1975, S. 74

36 James, William, Der Wahrheitsbegriff des Pragmatismus, in Martens, Ekkehard, Pragmatismus ausgewählte Texte von Ch. S. Peirce, W. James. F. C. S. Schiller, J. Dewey, Stuttgart 1975, S. 177

37 vgl. Schroer, Markus, Vermitteln, Vermischen, Vernetzen, Bruno Latours Soziologie der Gemenge und Gemische im Kontext, in Bruno Latours Kollektive a.a.O., S. 372

38 Schmitt, Carl, Der Begriff des Politischen: Text von 1932 mit e. Vorw. u. 3 Corollarien, Berlin 1987, S. 27

39 Nietzsche, Friedrich, Jenseits von Gut und Böse, München, Kritische Studienausgabe (KSA) Bd. 5, München 8. Auflage S. 54

40 Anstatt Intersubjektivität benutzt Latour lieber den Ausdruck Inter-Objektivität um die Rolle der nicht-menschlichen Akteure zu betonten.

41 Polany, Karl, The Great Transformation (zuerst 1944) Frankfurt am Main 1944

42 Deleuze, Gilles, Guattari, Félix, Tausend Plateaus, Kapitalismus und Schizophrenie, Berlin 1992, a.a.O., S. 298

43 Goffman, Erving, Wir alle spielen Theater, München, Zürich 1969

[44] Stark vereinfacht ergibt nach Marx die Windmühle den Feudalismus, während die Dampfmaschine zum politischen und gesellschaftlichen System des Kapitalismus führe.

[45] Vgl. Ruffing, Reiner, Michel Foucault, Paderborn 2008, S. 56

[46] Maturana, Humberto R, Varela, Francisco, Der Baum der Erkenntnis, Die biologischen Wurzeln menschlichen Erkennens, 11. Auflage, Bern und München 1987, S. 27

[47] Fuchs, Peter, Der Sinn der Beobachtung, Begriffliche Untersuchungen, Zweite Auflage, Weilerswist 2004, S. 53

[48] vgl. Ruffing, Reiner, Bleibt der Erde treu! Nietzsches Hymnus auf das Leben, Stuttgart 2008, S. 65ff

[49] Deleuze, Gilles / Guattari, Félix, Anti-Ödipus, Frankfurt a. Main 1974

[50] Ebenda, S. 8

[51] Deleuze, Gilles / Foucault, Michel, Der Faden ist gerissen, Berlin 1977 Klappentext

[52] Deleuze, Gilles, Guattari, Félix, Rhizom, Berlin 1977

[53] Ebenda, S. 11

[54] Deleuze, Gilles, Guattari, Félix, Tausend Plateaus, Kapitalismus und Schizophrenie, Berlin 1992

[55] Ebenda, S. II

[56] Lutz, Bernd (Hg.), Die großen Philosophen des 20. Jahrhunderts, München 1995, S. 120

[57] Dies versucht Latour in zwei Studien über »schwache« Objekte wie Religion und Gesetze darzulegen: Jubiler ou les tourments de la parole religieuse, Paris 2002 und La Fabrique du droit: Une Ethnographie du Conseil d´ État, Paris 2002

[58] Vgl. Castoriadis, Cornelius, Gesellschaft als imaginäre Institution. Entwurf einer politischen Philosophie, Frankfurt am Main 1984

[59] Lyotard leitete mit seinem Werk, Das postmoderne Wissen, Graz-Wien 1986, den Abschied vom Prinzipiellen (Odo Marquard) ein. Unter Berufung auf Wittgensteins Theorie der Sprachspiele bezeichnete er die Großtheorien von Hegel, Marx und Freud als Große Erzählungen, die in der Postmoderne außer Mode gekommen seien.

[60] »Das Panorama wurde von dem Schotten Robert Barker (1787) erfunden. Am Beispiel der Stadtrundsicht von Edinburgh bot er dem Betrachter die Illusion, die Stadt um sich herum zu ›erleben‹. Panoramen hatten in England, Frankreich, Amerika und Deutschland bald gute Erfolge. Napoleon plante für Paris zehn Rundbauten, in denen er Propagandabilder seiner Schlachten zeigen wollte. Panoramen waren meist hundert bis hundertzwanzig Meter lang, in Amerika bis zu 400 m: z. B. die Darstellung einer Fahrt auf dem Mississippi.« Zit. aus den Anmerkungen zu Fontane, Theodor, Effi Briest, Husum, o.J., S. 257

[61] Butler, Judith, Gefährdetes Leben, Politische Essays, Frankfurt am Main 2005, S. 68, vgl. hierzu Ruffing, Reiner, Der philosophische Werkzeugkasten, München 2008, S. 245ff

[62] Fukuyama, Francis, Das Ende der Geschichte, München 1992

63 Phaedrus, Der Wolf und das Lamm, Fabeln, lateinisch – deutsch Leipzig 1989, S. 7

64 So Helmut Mayer in der FAZ, 26.9.08

65 In *Studies in History and Philosophy of Science* (22.1)

66 vgl. www2.tu-berlin.deffsoziologie/Crew/schulz-schaeffer/pdf/AkteurNetzwerkTheorie.pdf

67 Schulz-Schaeffer, Ingo: Technik als sozialer Akteur und soziale Institution, www2.tu-berlin.de/ffsoziologie/Tuts_WP_3_2007.pdf

68 Keller, Reiner, Lau, Christoph, Bruno Latour und die Grenzen der Gesellschaft, in Bruno Latours Kollektive a.a.O., S. 328

69 Keller, Reiner, Lau, Christoph, Bruno Latour und die Grenzen der Gesellschaft, in Bruno Latours Kollektive a.a.O., S. 316

70 Boltanski, Luc, Chiapello, Ève, Der neue Geist des Kapitalismus, Aus dem Französischen von Michael Tillmann Mit einem Vorwort von Franz Schultheis, Konstanz 2003

71 Latour, Bruno, Gebt mir ein Laboratorium und ich werde die Welt aus den Angeln heben, in Belliger, Andréa, Krieger, David J. (Hg.), AnThology Ein einführendes Handbuch zur Akteur--Netzwerk-Theorie, Bielefeld 2006, S. 103ff

Personenregister

Adorno, Theodor W. 10, 18
Apel, Karl-Otto 110
Assmann, Jan 81
Bachelard, Gaston 18
Barnes, Barry 65
Baudrillard, Jean 113
Beck, Ulrich 106
Benjamin, Walter 18, 27
Bentham, Jeremy 105
Bloor, David 65
Boltanski, Luc 115
Bonifatius 80
Bourdieu, Pierre 77, 85
Boyle, Robert 42, 43, 44
Bruaire, Claude 17
Butler, Judith 46, 108
Callon, Michel 29
Chiapello, Ève 115
Christensen, Inger 7
Dautry, Raoul 61, 62
Dean, Max 83
Deleuze, Gilles 88, 97, 98
Demosthenes 110
Derrida, Jacques 54
Descartes, René 11, 14, 98
Duchamp, Marcel 22
Durkheim, Émil 30, 88
Echnaton 80
Eco, Umberto 35
Einstein, Albert 27
Eliasson, Olafur 22
Epikur 54
Feyerabend, Paul 64, 65
Finn, Colin 21
Foucault, Michel 15, 40, 55, 95, 105
Freud, Sigmund 33, 76, 98
Fuchs, Peter 97

Fukuyama, Francis 106, 108, 109
Gabriel, Marcel 17
Gall, Joseph 65
Garfinkel, Harold 33, 34
Glickman, Steven 46
Goethe, Johann Wolfgang von 69
Goffman, Erving 92
Gore, Al 76
Greif, Hajo 59
Greimas, Algirdas Julien 21, 34, 35
Guattari, Felix 88, 98
Guillemin, Roger 19, 48
Gutenberg, Johannes 14
Habermas, Jürgen 9, 108, 110
Halban, Hans 61
Handke, Peter 7, 85
Haraway, Donna 46
Hegel, Georg Friedrich Wilhelm 14, 55, 98
Heidegger, Martin 9, 17, 18, 24, 27, 82, 110
Heraklit 16
Hobbes, Thomas, 24, 42, 43
Horkheimer, Max 15
Huntington, Samuel 106, 107
Husserl, Edmund 17
James, William 101
Jaspers, Karl 83, 108
Jesus Christus 23, 82, 93
Joliot, Frédéric 61, 62, 63, 66
Kallikles 51, 52
Kant, Immanuel 9, 11, 76
Keller, Reiner 114, 115
Kristeva Julia 113
Kuhn, Thomas S. 64, 65
Lacan, Jacques 113
Leeuwenhoek, Antoni van 14